会聊天你就赢了

豫君▶编著

中国商业出版社

图书在版编目（CIP）数据

会聊天你就赢了／豫君编著. —北京：中国商业出版社，2016. 8
ISBN 978-7-5044-9564-8

Ⅰ. ①会… Ⅱ. ①豫… Ⅲ. ①语言艺术—通俗读物
Ⅳ. ①H019-49

中国版本图书馆 CIP 数据核字（2016）第 215226 号

责任编辑：武文胜

中国商业出版社出版发行
010-63180647　www. c-cbook. com
（100053　北京广安门内报国寺 1 号）
新华书店总店北京发行所经销
北京毅峰迅捷印刷有限公司印刷

★　★　★　★　★

710×1000 毫米　1/16　15 印张　174 千字
2017 年 2 月第 1 版　2017 年 2 月第 1 次印刷
定价：38. 00 元

★　★　★　★

（如有印刷质量问题可更换）

前言
Preface

在现实生活中，聊天时刻发生在你、我、他之间，人们通过聊天，可以获取信息、交流情感、增加友谊等，是人际交往中不可或缺的交流方式。有人认为聊天是闲谈，其实这是一种片面的认识，聊天虽然包含闲谈，但远远超出了闲谈的范畴。通常情况下，聊天围绕话题展开，可以是两人，也可以是多人，其形式也多种多样，或天南海北、或天文地理，或谈论心情、或交流思想。总之，聊天具有随意性、灵活性、机动性，话题或长或短，上一秒钟可能是这个话题，下一秒中可能出现另外一个话题。

然而，当今社会是一个全速发展的信息时代，聊天也在潜移默化中发生变化，人们很少有空闲的时间去侃大山或闲聊，聊天自然也就带有目的性。如果两个人上来就直奔主题，那不叫聊天，是赤裸裸的谈判。既然把目的性隐藏在谈话中，就需要有大量的谈资，在聊天过程中，顺便引出主题，这是聊天高手一贯使用的方法。所以，不要小看聊天，会聊天你就赢了，会为你的人生赢得更多的精彩！

我们都有这样的经历，有的人在聊天过程中，喋喋不休地说个没完没了，却总说不到点子上，说话者非但不能成全自己，反而让对方有厌恶感，这样的人就不会聊天，他只会说话，并且说了一大堆废话。有的人，只需极少的语言，就能够在聊天中打动对方，在对方心里留下深刻的印象。在聊天中要想把话说好、说到位并不是一件简单的事儿，必须通过不断地学习知识、不断地积累知识、不断地搜集素材、不断地给自己充电，才能提高自己与人交往的能力，才能在与他人交往中发挥自己的聊天能力，才能在面对各种不同的场所、面对不同的聊天对象，做到应对自如。

同时，聊天是个人口才魅力的直接表现。著名成功学家戴尔·卡耐基曾说："当今社会，一个人的成功，仅仅有15%取决于专业知识和技术，而其余85%则取决于口才艺术。"口才是思想的外壳，是与人沟通的桥梁。通过聊天，拉近了心与心之间的距离，无论是有求于人，还是说服对方接受自己的观点或理由，都会起到关键性的作用。

毫不夸张地说，聊天是一门学问，更是一门艺术。现实生活中，由于不会聊天，即便你学富五车，也可能在聊天过程中无意间伤害到对方，比如说话不注意伤到了对方的面子、口无遮拦说到了对方的禁忌、稍不留神贬低了对方……凡此种种，都会让你处于被动，还可能会因此失去一段美好的情感、开罪了多年的好友、丢掉了工作的机会、失去了求人办事的契机，继而影响了你的事业及个人的发展。

会聊天不是天生具备的，需要我们在现实生活中不断地练习与培养。本书通过如何聊天、说话如何有分寸、如何在聊天中把握对方的心理、如何通过聊天的方式说服对方等八个方面，让你在短时间内掌握聊天的技巧与尺度，快速提升自我的沟通能力，从而成为一位跟任何人都聊得来的聊天高手，与此同时，通过聊天你便会在无形中获得好人缘，人生的高度与宽度也会随之实现！

目录
Contents

065 第三章 把握心理，把话说得恰到好处

093 第四章

除嘴巴外，巧用其他“语言”为聊天增彩

第一章
会聊天，是当下生存的重要资本

生活中，你也许会发现，聊天过程中如果谈论对方感兴趣的话题，可以很轻易地与对方进行沟通，而且这也是一种最有效的深刻了解别人并与人愉快相处的方式。拥有不凡的口才不仅利于人际交流，还能给人以美好的享受。

你的人生因会聊天而变得更精彩

会聊天的人，可以将语言作为一种武器去解决生活中的矛盾，与他人更好地沟通。而与之相对应的是，一个不谙此道的人，有可能会把一个并不难解决的问题复杂化，甚至造成更大的误会，给自己的工作和人生带来许多不必要的麻烦。因此，在与人交往中，做一个会说话的人，用好语言这把双刃剑，将有助于你事业的成功。

要想受人欢迎，就应当说话分场合，而且说话还要讲求分寸，懂得什么该说，什么不该说。否则，就会因为不小心说错了话而给自己惹来麻烦。

富兰克林曾说："失误可以很快弥补，失言却可能永远无法补救。"试想一下，你是否也经常因为口不择言而让自己感到后悔不已呢？因此，在与人的交往中，一定要先动脑，再动口，在话出口之前进行必要的选择，稍微修饰一下棱角，小心使用语言这把双刃剑，这比"亡羊补牢"要好得多。

生活中，你也许会发现，聊天过程中如果谈论对方感兴趣的话题，就可以很轻易地与对方进行沟通，而且这也是一种最有效的深刻了解别人并与人愉快相处的方式。拥有不凡的口才不仅利于人际交流，还能给人以美好的享受。所以我们应不断地培养自己的口才，掌握这种使双方都感兴趣的聊天技巧，并及时根据对方的面部表情和动作等各种反馈信息来调整自己的讲话内容和节奏等，最终达到加强与他人沟通、交流的目的，使自己成为生活中“最会说话的人”。

世界上第一位亿万富翁——美国石油大王洛克菲勒就是一个聊天高手，洛克菲勒的人生光环除了财富便是有一张展现才华的嘴。有一年，属下一间最重要的炼油厂闹罢工，厂长及总公司的高级职员多次和工人谈判都未能达成协议。为了避免更大损失，洛克菲勒在探访工人家庭时了解了情况，与工人们进行聊天，尽量答应他们的要求，并真挚地邀请工人代表到他的办公室。洛克菲勒在与工人代表对话以后，只说了一句话：“我求你们快快解决我们的困难吧。”结果便出现了意想不到的效果，很快罢工就结束了，工厂又恢复了生产。

洛克菲勒的例子告诉我们，说话有技巧，聊天靠门道，不懂得聊天的门道，就无法把话说到对方心里去。

会说话、会聊天，并非是我们遥不可及的偶像，只要你想成为驾驭语言的高手，就必须付出恒心和毅力。一旦你迈进语言高手的行列，所有问题都会迎刃而解。因为世界上许多成功人士，在他们通向成功的道路上，也会出现许许多多的障碍。解决它们的最好方法，除了硬实力外，更离不开软实力。这里所谓的软实力就是语言，会说话、会聊天，世界就是你的，你的人生目标就会得以实现。

会聊天的人，走到哪里都受到欢迎

会聊天，需要掌握一定的技巧和方法，只有掌握一定的技巧和方法才能够从容处之、坦然以对。善于聊天、会聊天，就是要根据不同的对象、不同的教养层次、不同的性格、不同的心境、不同的地域、不同的文化背景采用相应的说话方法和技巧。只有掌握不同的说话技巧和方法，才能让你在聊天中得心应手、如鱼得水。

在一次聚会上，大家都三五成群地在聊天，小文好像被排挤在了小圈子之外。正在尴尬之际，小文看到身边一个姐妹的发饰很特别，很像一本日本布艺书上所教的发饰做法。于是，小文问道："你的发饰是自己做的吗?"

这个姐妹惊讶地说："你是第一个这么说的，不过你说对了。大家都看不出来这是我自己的 DIY 作品，你是怎么看出来的?"

小文说："因为我平常很喜欢布艺，你的发饰我曾在一本日本布艺书上见过。"

"我也很喜欢布艺，我家有很多布艺书。"

"是吗？那我得向你请教呢。"

于是，两人围绕布艺交流起来。两人的谈话很快引起了周围其他人的注意，于是，大家加入一起讨论起来，小文自然而然地就融入到了这个圈子里。

小文的巧妙之处在于她借助发饰，引出一个新话题，引得大家纷纷加入进来，从而避免了自己坐冷板凳的尴尬局面。因此，会聊天可以让你伺机而动，成为受欢迎的人。那么，我们在聊天中，该如何应对呢？

1. 看性别说话

性别不同，对言语的接受和反应程度也会不同。人们常说“男人是视觉动物，女人是听觉动物”，因此，对不同性别的人聊天时就要相应地进行一些改变。俄罗斯有一句谚语说：“男人靠眼睛来爱，女人靠耳朵来爱。”这就提醒我们，在与不同性别的人进行聊天时无论是言辞涉及的内容，还是言辞表达的程度乃至声调都要有所区分。

在言辞接受的程度上，一般说来，男士较能承受率直、干脆、粗放、量重的话语，而女士则容易接受委婉、轻柔、细腻、量轻的话语。说话者必须依据接受对象的性别选择自己的表达方式与程度。

通常情况下，说话者如果是男士，而接受者又并非自己的妻子、恋人或关系很密切的姐妹，聊天时就应当严格把握分寸，在内容上、方式上都要充分注意女性的接受特点。

2. 看教养层次说话

教养是一种内在的气质和涵养，是指接受对象的一般文化和品德水准。包括文化程度、知识积累、生活阅历等。教养层次不同，对说话者言辞的接受程度也就不同。有些话说出来，甲听得懂，理解得了；乙就可能听不懂，理解不了，像作家丁玲的小说《太阳照在桑干河上》中的人物——工作组组长文采飞扬的演讲，就是没有区分接受对象的教养层次和实际需求，而致使“言者谆谆，听者藐藐”。所以，说话者在进行言辞表达时，要认清自己的接受对象教养层次如何，盲目表达不仅达不到说话的目的，甚至可能弄巧成拙，贻笑大方。

3. 看性格说话

人各有其情，各有其性。言辞表达的内容与方式必须因人而异，符合接受对象的脾气、性格，才有可能产生“同声相应，同气相求”的效果。

性格外向的人易于“喜形于色”，性格内向的人多半“沉默寡言”。与性格外向的人聊天，你可以侃侃而谈；与性格内向的人聊天，则应注意循循善诱。两千多年前，孔子就注意针对学生的不同性格来回答他们的问题。

有一次，孔子的学生仲由问：“听到了，就去干吗？”孔子回答说：“不能。”另一个学生冉求也问：“听到了，就去干吗？”孔子说：“干吧！”公西华听了有些疑惑，就问孔子：“两个人问题相同，而你的回答却相反。我有点儿糊涂，想来请教。”孔子答：“求也退，故进之；由也兼人，故退之。”

孔子这句话的意思是，冉求平时做事好退缩，所以给他壮胆；仲由好胜，胆大勇为，所以我要劝阻他。可见，孔子诲人不是千篇一律，而是因人而异，特别注意学生的性格特征。日常生活、公关活动等各方面的交谈也要注意这一点。

4. 看心境说话

心境通俗地称为心情，是一种比较持久的、难言的，但影响人的整个精神活动的情绪状态。大家知道，在听觉方面，声波在耳蜗内转变成一种可供神经系统使用的密码，通过神经系统的处理，听者就把这些编了码的信号感知为能够表达说话者意思的词汇。既然听者要将接收到的信息通过神经系统进行处理，那么，听者的心境必然影响到语言的交流效果。

人际交流中经常会有“言者无心，听者有意”的情况，说话不注意洞察对方的心理状态，往往会产生意外的问题。《红楼梦》第八十三回写到大观园中一个婆子教训自己的外孙女：“你这不成人的小蹄子！你是个什么东西，来这园子里头混搅！”这话恰好被黛玉听到，她误认为婆子是骂她，于是大叫一声道：“这里住不得了！”婆子的话本来是不让外孙女到大观园中来，但黛玉不这么想。她那种寄人篱下的特定处境和心态使她产生了误会。所以同样一句话，不同的人听来感受完全不同。

5. 看地域说话

地域指的是接受对象所处的地理位置，包括国别、省别、族别等。不同的地域有不同的地域文化，彼此在认识、观念、习惯、风俗上都有区别，对说话者言辞的接受，就会有所不同。说话者在进行言辞表达时，应当认清接受对象的地域性，才会产生良好的交际效果。

《尹文子·大道》讲了这么一件事：郑国人把未经加工处理的玉叫作“璞”，东周人把还没有腌制成干的老鼠叫作“璞”。郑国的一个商人在东周做买卖，一个东周人问他：“你要不要买璞？”郑国商人说：“我正想买。”于是东周人从怀里掏出一只腌制的干老鼠递上。郑国商人赶快辞谢不要。东周人在作言辞表达时，没有认清其接受对象是郑国人，所以买卖不能成功。

6. 看文化背景说话

随着社交范围不断扩大，我们的交际对象也将会有不同国家、不同民族、不同地区、不同阶层的人，要适应交际的广泛性，就要考虑不同文化背景下说话的特点，使我们说出来的话与特定的文化背景协调一致。

拿交际场合的称呼语来说，受文化背景的制约就十分明显。各民族在长期的社会发展中，形成了各自的称呼习惯，能使交际对象产生良好的心理效应。如英美人习惯称已婚妇女为“夫人”，未婚女子为“小姐”，在比较严肃的场合，一般统称为“女士”，如果称已婚者为“小姐”，那就是一个错误的称呼。所以，我们在与人聊天中，一定要积累一些基本的文化常识，一旦需要时才不会出现错误。

再比如，在西方，你对一位姑娘说：“小姐，你长得很漂亮!”她听了格外高兴；而在我国，如果对年轻姑娘说这句话，对方说不定会大为恼火，因为“小姐”一词在现代用法上与古代有所偏差。

总而言之，聊天是一种复杂的活动，任何一次说话都是在具体的语言环境和具体的时间、具体的场合下进行，千万不可张口就说，满口跑火车，如这样你就是一个不受欢迎的人。

文化修养是聊天的基本保障

你是否有过这样的困惑，因为某次机会，很想与对方聊上几分钟，并极力想让对方对自己的话题产生兴趣，可因为不了解对方的情况或聊天的话题不对，结果让双方尴尬不已。正是因为这种情况的出现，从而不能与对方成为朋友，不仅如此，也可能失去了一次绝佳的合作机会，甚至是一次有可能改变你一生的机会。所以，千万不要忽视社交场所中的聊天技巧，这对你极其重要。

俗话说："工欲善其事，必先利其器。"要想成为聊天高手，我们应该在日常的工作、生活中，抓住每一次机会，提高自己的聊天能力和聊天技巧。

有一家美容院生意兴隆，在当地可谓首屈一指。有人问老板其中的秘诀，老板毫无保留地告诉对方，自己手下的美容师除了技艺高超外，还善于与客户聊天，在与客户聊天的过程中抓住客户的心。工作人员怎么才能够成为聊天高手呢？老板坦然一笑说："这并不难，我除了订阅一些杂志外，每天还买各种报纸。阅读报纸、杂志是员工们每天上班的日常功课。不仅如此，现在是一个信息爆炸的时代，各种各样的信息铺天盖地，凡是客人少，不忙的时候，我就要求员工们利用空闲时间，通过手机获取各种信息。正是因为他们天天阅读，因此积累了丰富的知识，在与顾客聊天中，就很容易与顾客产生互动，自然也就留住了顾客，回头客也就多了，我的生意自然也就兴隆了。"

一个胸无点墨的人，在聊天的过程中不可能会应付自如。而知识是一个利器，有了这个利器，很多问题就可以迎刃而解。人类从洪荒时代走到现在，积累的知识浩如烟海，每个人不可能完全了解，但是要具备基本的常识。只有具备了一些常识性的知识，才能巧妙地运用它们，才能找到共同的话题，才能够在短时间内让对方对你产生兴趣。

所以，我们平常一定要得多做准备工作，比如，多了解世界动向、国内情形、科学界新发展、世界各地的风土人情，以及艺术新作、时髦服饰、电影戏剧作品的内容等等。

但是，很多人说自己没有时间读书看报，特别是在当今这个生活节奏尤为快速的时代，读书读报好像成了一种奢侈，因为时间不够用。其实，时间都是挤出来的，如果你能经常抽出时间来读书看报，甚至养成收集那些最有意思的新闻和文章的习惯，那么不久后，你的脑子里将会拥有很多有趣的知识。

另外，阅读的时候，还可以用笔标出那些有意义的语句，或者专门准备一个笔记本，将其摘抄下来。一开始的时候不要贪多，但一定要坚持不懈，如此这般两三个月，你的思想就会比以前丰富很多。

同样，平时在听别人说话时，随时都可能碰到充满智慧的警句和谚语，及时把这些句子记下来，日积月累，你谈话的题材和资料就会日益丰富。一旦你开始同别人聊天，那些素材就会很自然地涌出来，再通过自己的话加以发挥。这些恰到好处的话题，随时都会帮你解决困难。久而久之，你无论说什么都会有条有理、出口成章、这样的你，自然不会为交际所难，相反，你甚至会成为人际场上的交际高手。因此，生活中，不妨做一个有心人，学会积累，多读书、看报，不断提高自己的语言文化修养，让自己在交际中能如鱼得水，游刃有余。千万不要以没有时间为借口，而忽略了对语言文化知识的积累。

态度诚恳，跟谁都聊得来

常言道："心诚能使石头开花。"我们与人聊天时必须要抱着真实、真诚的态度，才能收到良好的效果，才能在聊天中说出对方真正想听的话。

有一位顾客曾拖欠美国迪特公司15万美元。一天，这位顾客气冲冲地跑进迪特先生的办公室，说他公司里的员工服务态度十分不友好，动辄冷眼相待，让自己彻底失望了。此外，他还说自己不但不付这笔钱，这辈子再也不愿花一分钱购买迪特公司的东西。迪特听他发完牢骚，语气温和地说："我要谢谢您来芝加哥告诉我这件事。您帮了我一个大忙，如果我们的信托部门打扰了您，他们也可能打扰了别的顾客，那就太不幸了！请相信我，你说的话对我太有用了。"

然后，迪特又真诚地说："您给我提供了一个重要的信息，作为回报，我会把您欠的账一笔勾销。既然您不愿再购买我们的产品，我就向您推荐一些其他公司的产品，直到您满意为止。"这位顾客做梦也没想到会受到这般真诚、恳切的礼遇。他完全被这种诚意征服了，从而成了这家公司的终身顾客。

迪特说话毫不虚伪，运用真诚、恳切的话语，耐心地劝说，让对方改变了想法，起到化敌为友的效果，为公司赢得了一位终身顾客，他的语言表达方式可谓高明之举。当我们以一种诚恳的态度去和他人聊天时，很容易让对方获得亲切感。诚恳态度，是让对方感受到尊敬与重视的最好的办法。做到了这些，我们的聊天才会发挥出良好的效果。

有位妻子，做梦都想要一颗钻戒当生日礼物。但是丈夫一个人挣钱养家也不容易，她便委婉地对丈夫说："老公，今年过生日，你就不要给我买礼物了，好不好？"

丈夫听到后，有些吃惊，问道："为什么？"

妻子没有回答，只是轻轻地叹了一口气。丈夫有些摸不着头脑，又说："从我们结婚后，我年年都给你送礼物，今年也不例外。

你想要什么，就给我说吧。”

没想到，妻子却说：“明年也不要送礼物了。”

“啊！”丈夫张大嘴巴，有点不敢相信自己的耳朵。

“老公，我是这样想的。”妻子小声说，“我想把你送我礼物的钱存起来，存个三年五载的，就可以买到一颗小钻戒了。”

听完妻子的话，丈夫哽咽了一下，把妻子搂在怀里，一句话也没有说。

妻子生日那天，她得到了一枚丈夫送给她的礼物——钻戒。

丈夫送给妻子钻戒，主要是妻子在与他聊天过程中，执着一颗诚恳的心，让丈夫没有拒绝的理由。如果这位妻子不诚恳的话，张口就向丈夫要钻戒，丈夫非但不能满足她，反而会吵架，破坏夫妻之间的和睦。所以，这位妻子在表达自己的想法时，除了在聊天时用点策略外，主要是在于她态度诚恳，最后才能达成愿望。

事实上，不管什么时候、什么场合，我们与人聊天只有做到态度诚恳，就能赢得对方的理解和认同。当然，这里所说的诚恳并不是说话毫无保留，而是本着一颗诚恳的心去聊天。

一个人待人是否诚恳与其心理品质密切相关，一个诚恳的人拥有良好的道德品质，健康的心理素质。可以说，态度诚恳是后天养成的，也是一种天性使然。诚恳不可以伪装，它是个人气质的真实流露。诚恳的人懂得倾听别人的意见，并且愿意为别人的问题提出中肯而切实的建议。不骄傲自满是诚恳的特点，生性高傲的人是不会对别人表现出应有的尊重的，更不会是一个诚恳的人。要成为一个诚恳的人，首先应该从自己的修养做起，心术一定要正，没有邪念和不正当的要求，说出来的话语要让人感到诚恳。有了诚恳的态度，对方便乐于与你聊天。

杰克是一名从乡下来的年轻人，一次偶然的机会，获准与当时纽约最有势力的人物见面。当杰克进入阿斯特的办公室后，只说了这样一句话："我想向您请教一下，怎样才能成为像您一样的百万富翁呢?"这句话表面上看似不着边际，但杰克内心十分清楚，什么样的话能引发一个成功的企业家的兴趣。果然，阿斯特听了此话，看着面前这位忠实的"粉丝"，既诧异又高兴。他不仅耐心地和杰克聊了起来，还把杰克介绍给当时的许多著名人物，比如菲什、斯图尔特、贝内特等。

杰克依靠这种诚恳地向成功者请教的方法，获得了成功人士的指点，在事业中一帆风顺，比别人少走许多弯路，最终也成了百万富翁俱乐部中的一员。

很多有才干的人之所以成功，是因为他们也采取了一些类似杰克的策略。不难发现，那些聪明人在通往成功的路上并非恃才傲物，他们一旦遇到问题，就会以诚恳的态度向他人请教，询问成功人士的意见。这种待人以诚恳的态度确实不失为一种取得成功的最有效的方法。职场中，一些聪明的上司都会想办法让下属觉得自己很愿意听取他们的意见，并按照他们的意见来行事。

许多事实都已经十分明确地告诉人们，很多时候，坦诚是最明智的策略。如果我们照此去做，也会拥有像成功人士一样的事业。

人们常说："将心比心。"其实，与人聊天也是这样。在与人聊天时，我们只有用诚恳的态度去对待对方，对方才会报以真诚。

善于沟通才能聊得更好

每一个聊天高手都善于沟通，他们至少需要具备三个基本要素，分别是：清晰的思维、生动的语言、丰富的想象力。而不善于聊天的人个性特征主要有：不懂得尊重他人、以自我为中心、过于看重功利、过于依赖他人，以及忌妒心强、自卑、偏激、退缩、内向不合群、对外界充满敌意等。

陈斌是一位业务能手，平时为人坦诚，颇受同事、客户喜爱。可是，在一次公司组织的户外活动中，他却因为一时的心直口快而遭到同事们的厌恶。

事情的过程是这样的，户外的拓展训练中，有一项团队协作游戏的比赛，陈斌受到推举，成了游戏的裁判者。虽然说只是一个游戏，但是任何人也不愿意扯团队的后腿，大家都很努力地完成着自己的任务。A组里有个叫李丽的女孩，身体素质不是特别好，没跑几步就已经是气喘吁吁了。其他的同事都在给她呐喊助威，她也努力地将比赛坚持到最后，虽然她们组因为她而输掉了比赛，但是大家还是给了她热烈的掌声。

比赛结束后，大家聚在一起聊天，陈斌却说："今天的比赛非常好，充分显示出了我们大家的团结，不过我说李丽，你平时就该注意一下运动了，你看你现在胖的那样儿，平时就知道往嘴里塞东西吃，一个女孩子，那么胖像什么样子啊，今天，你们组都是因为你才输掉了比赛。"话音刚落，就见李丽的脸唰地红了，险些哭了出来。于是大家都对陈斌说："你就别说了，她已经很努力地完成比赛了，只不过是一个游戏嘛，只要参与了就好。"陈斌摆出一副不以为然的样子说："怎么了？她本来就胖啊，难道还不让说啊，谁让她平时就知道吃。"大家都沉默了，不是因为陈斌的话，而是在想陈斌怎么会是这样的人，一点儿也不顾及李丽的感受和自尊。

这种"直爽"的话就是不善于沟通，容易伤害到他人，对自己也极为不利。这使得当事人和周围的同事在以后的场合里，都不由自主地把他排除在集体之外，因为怕他再说那种"直爽"的话。

可见，我们在日常工作与生活中，不懂得沟通的技巧，就会伤人伤己。要知道，这世界上没有任何人是完美无缺的，所有人或多或少存在自己的缺陷与短处。当你要"如实"揭别人短的时候，要想想自己的短处，这样就会在说话时适当有所保留，给他人留一分面子，给自己留一条后路，也就是给自己创造良好人缘。

小兰是个很热情的人。前些天，她参加一次同学聚会，一个同学无意间向她提起，某商场正在准备设立一个饰品柜台，具体工作由他负责。说者无心，听着有意，小兰偷偷到商场看了一下，预计设立柜台的地方在商场的位置极佳，可谓寸土寸金。

小兰立即找到自己的同学，告诉他自己想承租。小兰的同学不放心，因为在此之前小兰从来没有做过饰品行业，更没有那么雄厚的家底。小兰悄悄告诉朋友，其实自己是一个饰品厂家的代理人，铺货是免费的。

同学勉强同意让小兰试试，小兰立即联系了自己精通饰品生意的好朋友，说自己已经找到了一个很不错的商场，销售绝对没有问题，只要免费铺货，她保证大家都有钱赚。大家对小兰非常信赖，不但答应给她免费铺货，还给她推荐了很有经验的销售人员。

柜台开张，小兰这个饰品生手也成了一个响当当的小老板。

小兰之所以成为小老板，妙就妙在她善于沟通，从说服同学的担忧到免费供货，都是她认真沟通的结果。可见，学会沟通，善于聊天，是我们生存一定要具备的本领。假如你懂得将这种本领充分融会贯通，得心应手地运用在你的生活与工作之中，你会发现你原来也是颇受他人欢迎的人。更为奇妙的是，从此以后，原来你一个人感到束手无策的诸多问题，现在轻易就可以得到他人的热心相助。你的生活将处处充满灿烂的阳光，事业更加称心如愿。

乔治帕默尔教授说："谈话是一句一句地说，很少需要段落的区分。我说一句话——十几个字或只有两个字——然后等着我的朋友做出更多的回应……我们聊天的时候用的不过是简单的词语组合，只要讲话有趣、大胆和丰富多变即可。但是在公众场所，没有为我们提供充分的机会去表现这种创造性的才能。"因此，创造性的才能必须进行开发和培养。任何一个天资平平的人都可以扩大自己的词汇量；如果他坚持不懈地进行锻炼并且把握很好的机会，那么他可以使自己的思想以如珠的妙语表达出来。所以，我们在与人聊天中，如何做到有效的沟通，平时要做好以下几个方面：

1. 打好思想的基础

克服思想的贫乏只有一个途径，那就是应该多去读书，学习，收集信息，形成观点，让自己的大脑有很多想法。仅仅有想法还不够，必须把这些想法串联起来形成合乎逻辑的思想观点。当了解后就某个问题进行过思考，就可以根据自己大脑中的思维活动以及平时储存的有用信息，进行归纳整理，然后组成精妙的语言。所以，思维是语言的基础。

2. 改进语言表达

除了思想之外还有很多其他问题，这些问题各不相同，要分别加以对待。比如，另一个问题是语言贫乏，那就应该积累丰富的语句与词汇，把它们作为表达的原材料。如果按照前面提过的专心致志地读书和培养大脑思维能力的练习方法去做，那么一般人的脑子里就已经积累了相当数量的词汇，这些词汇其实都是在平常的谈话过程中可以听到的。应该特别留意扩大自己的词汇量，增加一些严谨的词汇。为了做到这一点，在促进思想的同时，手头应该随时准备一些好的语言工具书，不要把任何不认识的单词漏掉，一定要把它作为一个新词添到你的言谈话语里，但是尽量避免生僻词、很拗口的单词、说教气十足的词。

3. 多说勤练

应当抓住每一次机会锻炼自己的表达能力，这一点可以从日常对话开始。平时说话不要像秀才写的文章，避免晦涩难懂或东拉西扯的说话方式。最重要的是，一定要自然流畅，简洁直白，浅显易懂。要利用已经扩大的词汇量来表达自己已经变得更加深刻丰富的思想，这需要勇气和毅力。我们往往容易认为，大量丰富多变的词汇是别人用的，我们自己用不着。我们第一次用某个词的时候，自己都往往感到十分惊讶，就像邻居家里突然放鞭炮一样。我们慌忙四下张望，看看有没有人注意到。当我们发现没有人注意时，就变得大胆起来。用过三次的词再从嘴里说出来就显得非常自然了，然后它就成了我们经常用的词汇，尽管以前的生活中我们从来没有用过这个词。所以，应该刻意锻炼自己，使自己有勇气在熟悉的圈子里，能大胆使用与以往不同的说话方式。但要记住一点，那就是用尽可能少的句子和单词来表达尽可能多的内容，只说明事实和真相就够了。把这一点作为自己的目标，一定不要忘记。

4. 对另一个自己说话

在一个人独处的时候，想出一个完整的句子，把它说出来，然后改进这个句子。继续考虑下一个相关的想法，在脑子里把它用语言表达出来，接着像前面一样把它加以改进。在有意识的情况下习惯于听自己的声音，在公众场所说话的时候，更应该清楚地意识到自己的声音和手势，这会增加表达的感染力。

会聊天的人，善于从他人的话语中获取信息

聊天就是双方或多方交流的过程。当别人说话时，不打断对方，一方面是对说话者的尊重，另一方可以从对方的语言中获取信息。

有一位教演讲的老师说，在她的语言课上，有一个课程是让学生们轮流演讲，然后由其他学生做出评定分析。有一次，她发现所有的演讲者都把视线从坐在前排的一个年轻人身上移开。这使她感到奇怪。轮到她上去做总结时，她留心看了那个年轻人，他面孔冷漠而孤立，目光死盯着天花板。过后，她把他带到一边，对他说："你本是很有魅力的人，只要你多表现一些赞许、关注的态度，就能大大提高演讲者的兴致，而你为什么不理睬他们呢？"

他很吃惊。"我绝不是这样！"他争辩道，"我一直在专注地听啊，没有看他们，是因为我怕看着他们会使他们分心，而不能集中精力讲话。我一直在心里思考：这个说法准确吗？那个说法是

不是太夸张了？这样的理论能否经得起考验？总之，我确实是在听呢。”

她告诉他，也许他确实如此，但这不是聚精会神。如果你根本不看讲话的人，那么对于他来说，你就像是戴上耳塞或用手堵住耳朵一样。难道你希望自己讲话时，别人也是如此吗？

所以，我们在与人聊天的过程中，当对方讲话时，一定要专注，从对方的话语中获取你想要的信息，同时也让对方感到你很重视他的讲话。那么，聊天时，听他人讲话的过程中，我们该怎么做呢？

1. 认真听，及时捕捉有用信息

外部发出的声音由耳朵进行接收，说话者的声音连续不断，我们必须做到全神贯注地听，稍不留神就会出现间断现象，严重影响听的效率。所以，听他人讲话时，我们要集中精力，准确无误地捕捉对方发出的信息。一个人听力的强弱直接表现在获取信息的质和量：质的方面，主要是指接收的信息准确无误，不变形、不走样，要求听者精力高度集中；量的方面，单位时间内接收信息量的多少，信息量多则为听力强。

2. 忠于原话，准确听解

无论你对对方的话做如何理解，也不管说话者本人如何进行辩解，但一定要秉持“一言既出，驷马难追”的思想。听者、说者进行信息交流，直接而唯一的载体就是语言。对方说同意，就是同意的意思；对方说不同意，就是不同意的意思。当然，表达分表面意义与深层意义两部分，二者有时会出现不等同的现象。但无论如何，“仁者见仁，智者见智”，原话则是最为根本的依据。因此，准确听对方的原话，是达到聊天的基本要求。

3. 认真思考，领悟深意

俗语说："听话听音，锣鼓听声"。说话者经常使用一些技巧，使"话中有话"，"弦外有音"，这就给听解增加了难度，也增添了乐趣。言语有显性和隐性两种。隐性语言就是这种内涵很深的语言，这就要求听话人聪明机敏，从前后话、从语境、从对方心理等方面，运用自己的经验和知识去揣摩。

请看下面的一个例子：

两位即将完婚的青年男女在荫房往架上挂葡萄，男青年因急于成婚，就借着晾葡萄对女青年说："既然熟了，为什么又要晾起来呢?"女青年听懂了对方的话：表面说葡萄，实际说两人的婚事。于是女青年也用双关语回答："你没有看见吗，还有不少水分!"

这里的口语交际是得体而艺术的。说得很巧，听得也妙，语言通俗易懂，但表层语义中却还有深层含义。

聊天用语要紧扣当下，不要被时代甩出太远

当下，随着时代的快速发展，我们的日常用语也变得格外地丰富多彩。有些承载我们数千年文明的词语出现转换，词性也随之改变，旧的词语赋予了新的含义，旧的事物有了新的表达方式，甚至还出现一些新的词语。这时，倘若你拒绝接受这种变化，那么你可能就渐渐地被时代无情地甩了出去，成为一个与时代格格不入的人。在你的社交圈子或职场中，大家都在接受和认可新鲜事物，你遇到与你一样的人的几率十分渺小。与此同时，你也不可能一直生

活在过去中。所以，与人聊天时，一定要与时俱进，只有这样才能融入社会的潮流之中，才能给自己的思想和认知注入新鲜的“血液”，才能通过与人聊天，获得你想要的东西。

那么，我们在聊天时，从哪方面做到与时俱进呢？具体有如下两点：

1. 所用的词汇要与时俱进

人类文明能够不断地向前发展，主要原因就是我们在改变世界的同时，语言也在不断地更新升级。词汇是语言构成的基本单位，新鲜词汇出现得越多，说明社会发展越进步。假如你现在还不知道“雷人”是什么意思、“沙发”是什么意思、“打酱油”是什么意思、“剩女”是什么意思、“型男”代表着什么、“惊爆了”指的是什么、“在有生之年，在不死之前”想表达什么……那么，你真的与时代脱节了。当然，不知道这些流行用语不代表你知识贫乏，如果在语言上没有与时俱进，你在与他人聊天时，你就不会轻而易举地让对方产生共鸣。

2. 所谈的话题要与时俱进

我们在聊天时，根据聊天对象的不同，聊天的话题也要有所不同。如果你的聊天对象是整天为一日三餐而奔波的人，这个时候你在他面前大谈风景名胜，结果准会遭到对方的白眼，因为对方连基本的温饱都是问题，哪有心思与你探讨风景名胜。假如你同对方谈当下哪个方面是赚钱的热门，对方一定感兴趣，并且能够成为你的忠实听众，对你的话题产生好感，你与对方在聊天的过程中就能产生互动。

某次聚会上，有人提起一位明星偶像，并向朋友询问该明星的情况。朋友打趣道：“你都是‘坐四望五’的人了，怎么会如此关注年轻的小女孩呢？”那人急忙说：“可别拿我开涮了！她是我儿子的偶像。在家总听他提起，我就随口问了一句‘她是谁’，结果，儿子竟然说我落伍了，所以才问你是否知道这位明星偶像，想了解一下情况。”

“流行”是一个非常普遍的话题，也是现代人生活中的一种指针。时事政治、社会新闻、体育快讯、娱乐新人、当红明星、流行服饰、流行语言等都有可能成为热门话题，如果别人在提及这些话题时，你却云里雾里，就可能会被认为是古董或文物，轻者遭到善意的嘲弄，重者可能被人鄙夷。

互联网的快速发展，催生了许多话题。比如“你妈妈喊你回家吃饭”、“哥吃的不是面，是寂寞”、“把人贩子都枪毙”、“中国的帅哥在抗洪前线”等都是某个时间段的热门话题。如果你是中老年人，不知道这些是怎么回事儿，还可以免于被嘲笑；如果你是年轻人，尤其是年轻的网友，对方正在小声哼歌，你上前说：“呦，今天心情不错嘛！大声点，让我听听你在唱什么歌。”对方回你一句：“我唱的不是歌，是寂寞。”这时，如果你不知道对方在说什么，丈二和尚摸不着头脑，势必会成为众人的笑料。

不过，由于人的兴趣有所不同，生活中总有一些人对于新的、不习惯的事物容易产生排斥感。所以，无论是说者，还是听者，都应该培养开阔的观念以扩大生活话题的范围。

因此，养成开放的观念，有利于与他人进行愉快的聊天。我们应该明白，大多数人说话的目的是想让自己的看法得到他人的认可，如果对于对方的话题或看法，你从未耳闻或一直处于反驳状态，势必会导致对方对你失去聊天的兴致。当然，开放观念并不是要你完全放弃自己的价值观，没有任何借口和理由地去接受所有的信息。这里的开放观念仅仅是一种建议，建议你不要墨守成规，不要全盘否定和排斥新的事物、新的信息，一定要放开心胸去接触更多的事情，从而增加自己的见识和经验，充实自己的聊天内容。

广泛收集素材，丰富聊天的内容

除了闲扯以外，聊天往往带有一定的目的性，这种目的性通常隐藏在谈话中。如果两个人上来就直奔主题，那不叫做聊天，是赤裸裸的谈判。既然把目的性隐藏在谈话中，就需要有大量的谈资，在聊天过程中，顺便引出主题，这是聊天高手一贯使用的方法。

要想做到旁征博引、夸夸其谈，必须通过不断地学习知识、不断地积累知识、不断地搜集素材、不断地给自己充电，才能提高自己与人交往的能力，才能让自己在与他人交往中发挥自己的聊天能力，才能在面对各种不同的场所、面对不同的聊天对象，做到应对自如。

聊天的素材来源于生活。要想使自己的头脑中有取之不尽的素材，可以从以下几个方面进行着手：

1. 扩大知识面

一个人唯有拥有广博的知识，才能思维敏捷，才能让聊天的氛围变得妙趣横生，才能对事物进行入木三分的分析，从而做出恰如其分的比喻。一个人的知识面越宽，懂得越多，与他人聊天的话题就越多。一个聊天高手就应该懂得对方的兴趣所在，无论对方属于哪一类人，对什么样的话题感兴趣，都能够游刃有余地围绕对方的兴趣而展开，这样才能够使双方的交谈更加深入、更加投机。

所以，要想打牢聊天的基本功，就必须做到涉猎广泛，不断从浩如烟海的书籍中收集智慧的浪花，然后把它们储存到我们的记忆中。比如，你所在的学术领域，不仅要求对自己的专业知识有深刻的了解，同时还需要掌握文学、哲学、政治、历史等其他方面的知识，这些非专业的知识，不要求你样样精通，但必须有所了解，对方谈到时，必须能发表自己的见解和看法。

2. 不断积累有用资料

多看、多听，才会拥有良好的口才基础，才能便于模仿各种形式的语言。可以用来借鉴、参考的语言资料多了，说起话来所用语言自然就丰富了，运用语言的能力自然就会得到提高。

语言的养分可以通过多种方式来汲取。首先是文学，文学被誉为是语言思维轨迹的录像。就拿幽默文学来说吧，幽默文学在歌颂生命、启迪智慧的文学功能上起着不可或缺的作用。古今中外的很多文学家都是幽默高手，他们的很多文学作品都是幽默氛围浓重的文学名篇。通过对这些文学作品的阅读，不仅能够积累丰富的话题，而且能够提升个人的语言修养。

3. 开动脑筋，勤于思考

多思考，注意从别人的言谈中体会语言的要领。仅仅从抽象的概念中学习语言的要领，往往是不深刻的，只有结合大量的谈话实例进行深入体验，才能真正体会语言的要领，从而使自己能够自如地运用语言。

在与他人聊天的过程中，多想想对方是怎么说的，这样说有什么好处，有什么坏处，你在什么情况下也可以说这些话。如此，你对话题的把握便会更加得心应手。

无论如何，你始终要明白的一点是，会聊天可以通过后天的学习、积累、准备而获得。不要说自己性格内向，天生不善交际，不懂表达，更不要以此为借口而拒绝去做准备、积累工作，相反，越是不善于的东西，越要去挑战自己，战胜自己，练就好聊天的本领同样需要这种精神。只要你愿意去提高自己的聊天能力，愿意去搜集丰富的素材，愿意去做准备工作，你就能如愿以偿，就能在交际中充分发挥自己的聊天才能。

克服羞怯心理，在聊天中展示真风采

美国的心理学家泰姆杜巴教授曾在写《怕羞谈》一书时说："6 年来，我们对数以万计的对象进行了心理调查。统计结果表明，40% 的受访人都承认自己有羞怯的弱点。令人吃惊的是，其中包括前总统卡特和卡特夫人、英国的查理王子、电影明星凯瑟琳·丹钮佛、卡罗·伯纳特、运动员弗兰特·林恩……许多名人在公共场所看上去好像并不显得害羞，然而，他们却在抱怨心中隐隐约约地遭受着羞怯心理的煎熬。"可见，羞怯隐藏在几乎所有人的心灵深处。我们要想在聊天中，展示自己真实的风采，必须要克服羞怯心理，无论面对哪种类型的人，你都要做到张口能说，言之有物。这样的话，才能通过聊天这种方式，拓展你事业的宽度和厚度。

瑶瑶今年 24 岁，知书达理、长相可爱、打扮时尚，按说这样的女孩无论出现在哪里，都会成为大家眼中的"红人"。可是，让人想不到的是，无论是在工作中还是生活中，她总是显得默默无闻，经常被周边的人所遗忘。究其原因，是羞怯心理作祟。

在公司内，同事们从来没有见到过瑶瑶主动与谁说过话，休息的时候，即便同事主动找她聊天，她也是很少说话，基本上是别人说十句，她“嗯”一声。显然，这样的聊天无法继续下去，后来同事们有什么悄悄话或八卦之类的花边新闻，也不找她分享了。不敢与同事交流，还勉强说的下去，工作汇报是她最担心最害怕的事情。每次轮到她汇报时，紧张得心“突突”乱跳，整个人显得颇不自在，说话的声音小得像蚊子“哼哼”一样。好在老板与她爸爸是多年的好朋友，加之工作能力还算突出，要不然早就被公司扫地出门了。

其实，瑶瑶对自己的表现也十分苦恼，她非常羡慕那些可以在会议上侃侃而谈的人，却想不出办法如何摆脱自己的羞怯心理。

确实，很多人因为羞怯心理，在社交场所不能很好地展示自己，从而错失了许多机会。有一个事实我们必须要有清醒的认识——这是一个需要自我推销、靠嘴行天下的时代，不能让羞怯心理捆住了自己的嘴，从而困住了自己的能力和魅力。那么，羞怯的人都有哪些表现呢？

首先，羞怯的人站在陌生人面前，总感觉有一种无形的压力。这样的人觉得自己正在被他人审视，因而显得很拘束，不敢与对方的目光对视。

其次，羞怯的人与人交流时，常常会出现面红耳赤、心慌意乱的情况，严重者甚至脑门流虚汗，就算是硬着头皮张口说出几句话，也是前言不搭后语，语言逻辑混乱。

第三，羞怯的人通常会因为不能与人很好地交流而烦恼。社交场所，他们不善于表达自己的看法或意见，给人一种拘谨、呆板的感觉。

第四，羞怯的人通常会感到自卑，不敢说话往往就是因为他们妄自菲薄。

那么，在与人聊天时要想达到自然流畅、左右逢源的境界，我们在日常生活中运用什么方法去克服羞怯心理呢？

1. 正确地看待自己

在日常生活和工作中，我们要有一个正确的认识，明白自己该做什么，如何去做，而不是去在意别人如何对我们评价；在社交场所中，需要表现自己时就要自然大方，不去考虑别人是否注意到自己。总而言之，正确看待自己，不卑不亢，是与人相处的基本原则。我们只有正确看待自己，才能摆正心态，正确认识自己和他人之间的关系：我就是我，别人怎么看是别人的事情。倘若你担心出错，就会产生一种无形的压力，并感到手足无措。

如果你觉得很难做到，可以试着先这样做：当你与对方交流时，要尽量看着对方的眼睛，并将自己的所有注意力都集中在对方的眼睛上。这样，既可以增加你对对方的注意，又可以减少对方对你的注意。慢慢地，你就会发现自己的改变。

2. 勇敢地锻炼自己

羞怯的人在社交场合中，往往会不自觉地表现出逃避，因为他们害怕出丑而不愿去面对。其实，逃避是最糟糕的做法，不仅不能消除紧张，反而使你感到自己的懦弱，使你感到自责，以至于下一次更加羞怯紧张。

生活在社会中，必须与其他人发生联系，必须与人交往，不可能逃避一辈子。早晚有一天，你必须去面对，你逃无可逃，不如一开始就勇敢面对。脸皮是练出来的，嘴皮也是练出来的。只要你有勇气寻找各种机会锻炼自己，就能够打破羞怯的外壳。

你可以试着向平时经常见面但是几乎不说话的人问好，比如传达室的大爷，小区的门卫等等；你可以故意找陌生人问路；在排队等候的时候，你可以主动和陌生人搭讪；你还可以积极参加一些社交活动，学着把紧张的情绪放松。总之，锻炼的办法只要你想就会有。

只要你肯锻炼，就一定会有效果。通过锻炼，你会成为一个镇定自若的人，以后无论遇到什么场合，遇到什么样的人，你都能很好地处理。

3. 脸红不算什么

在谈话中，如果你感觉自己脸红了，不要用某种小动作去掩饰它，这样反而会使你的脸更红。而且，这会使你感到不自然不自在，会进一步加重你的羞怯心理。曾经有一位女校长，经常在老师和同学面前讲话，一旦碰到陌生人或者领导，讲话时就会脸红。她的做法就是顺其自然，不加以掩饰。她说："我知道自己这个毛病，我不会刻意去掩饰，红就红吧，只要我的思绪不乱就可以了。"克服脸红的最好办法就是勇敢面对脸红！一位心理学家曾说过："我们害怕的其实并不是事物本身，而是我们自己！"关键就在于你能不能战胜自己，勇敢地去面对。

4. 克服负面情绪

羞怯的人往往戒备心强，有深重的忧虑情绪，自己偶尔有了不得体的言行，总是生怕别人看到似的。这样做只会让自己每天惶惶不可终日，更加剧了羞怯心理。

你应该树立积极乐观的心态，凡事应该尽可能地多往好的方面想，看到“阳光”的一面，而不是“阴郁”的一面；你应该克服负面情绪，多培养自己良好的情绪和情感，要相信大多数人对待自己是诚恳的、真诚的，以免把自己置于别人对自己不信任、不真诚的假想中。

第二章
说话有分寸，和谁都能聊得尽兴

无论在工作或是生活中，聊天是沟通的重要方式之一。如果想要在日常的工作或生活中获得好人缘，那么不管是对朋友、亲人，还是对上司、属下、同事、客户，都要养成良好的说话习惯。拥有良好的说话习惯，自然就有好人缘。

寒暄到位，未开聊就成功一半

每个人在日常生活中都会有这样的感受，当你与别人聊天或谈话时，往往不会直接进入最核心的正题，而是先聊一些其他的话，活跃气氛。这就叫作寒暄。事实证明，许多谈话，基本上都是从寒暄开始的。寒暄是人与人建立语言交流的方式之一，它可以让陌生人打破最初的隔阂，让朋友更加亲密，把单调的气氛活跃起来，为接下来的聊天打下良好的基础。

1984 年 9 月，中国与英国就香港问题，在钓鱼台国宾馆开始第 22 轮会谈，主要讨论我国对香港主权的收复问题。这无疑是一场很严肃认真的谈判，但是在谈判开始前，中方代表周南和英方代表伊文思先寒暄起来。

周南说道："现在已经是秋天了。我记得上次大使先生是在春天前来的，到如今已经经历了春、夏、秋三个季节。秋天，可是一个收获的季节啊。"

在这次轻松的寒暄中，周南运用了双关、暗示的手法，巧妙地利用了季节的特征，即秋天是成熟和收获的季节，将我国诚恳的态度以及坚定的决心，含蓄委婉地传达给了英方。这种寒暄意味深长，具有强烈的指向性，为接下来的谈判做了很好的铺垫。

有一次，导游王丽丽带一个南方旅游团去北京观光，不巧旅行的第一天就赶上了一场鹅毛大雪，这对他们之后的游览登山、参观景致、出行路况等都造成很大影响。不少游客开始抱怨天公不作美，大家的游玩兴致变得十分低落。导游王丽丽该怎么做呢？

在大巴上，王丽丽兴高采烈地对游客们寒暄道："亲爱的朋友们早上好：因为北京此时正呈现出难得一见的北国风光，千里冰封、万里雪飘的壮观景象。今天实在是个难得的日子，是我们可以亲自去体验毛泽东主席诗句意境的日子。老天就是眷顾我们，给我们送来飘舞的雪花，那么就让我们快乐地上路，去当一次踏雪登长城的好汉吧！"听到王丽丽的一番话，游客们减少了对天气变化所带来不便的担心，大家一想到有如此美好的雪景，旅游的情绪也慢慢高涨起来。

从心理学来说，导游王丽丽的这种寒暄方式，完全是从关照游客心理的角度出发的，自然能使对方产生一种认同心理。当大家都被王丽丽所描述的雪景吸引时，他们也就不知不觉地接受了大雪所带来的种种不便，甚至这些不便在他们的心里都慢慢淡化了。可以说，适当的寒暄能够促进双方在交际中的亲和需求，而这种亲和需求在融洽气氛的推动下会逐渐升华，使我们顺利地达到交际目的。

通常我们在正式聊天前，寒暄有以下几种主要形式。

1. 问候式寒暄

比较常见的问候语有："你（您）好"，"你（您）早"，"早上好"，"上午好"，"早安"，"下午好"，"午安"，"晚上好"（约18点至睡前），"晚安"（临近对方睡觉时）。

在我国，常用的问候语还有："你（您）吃饭了吗？""你（您）去哪儿？""最近忙些什么？"等。如果是比较熟的人，还可以这样寒暄："今天天气真好!""好久不见，最近在忙些什么?""你的身体好些了吗？最近天气热，多注意休息。""学习还顺利吧?"等。

这类话有时并无太多的实际意义，只是表示一种礼貌和关怀。如果面对熟人视而不见、不打招呼是不礼貌的。另外还要注意的是，下级、年轻人、晚辈、学生、服务员等，应主动热情地问候上级、老年人、长辈、老师、顾客等。

2. 赞扬式寒暄

赞扬式寒暄是以赞美对方的话语来与对方打招呼，主要的话题包括衣着、身体、工作、父母家人等，这样的寒暄不仅能使对方心情愉快、感觉良好，而且还能创造一种和谐的交流气氛。

常见的赞美式寒暄语有："哟，在哪买的衣服，这么酷，快叫人认不出来了。""你穿这套衣服挺合适，看上去特精神!""你写的那篇文章昨天我看到了，真不简单!""这些天你的脸色好多了!""这是你的母亲呀，这么随和，还挺漂亮!"等等。

每个人都希望获得他人的赞美，这是人类之所以有别于动物的地方。马克·吐温说他得到一次称赞后，可以凭这份赞赏愉悦地生活两个月。这说明赞美式寒暄对人的影响是积极而巨大的。

3. 致谢式寒暄

生活中与人聊天时，需要致谢的地方很多。一个有教养的人总能及时地向他人表达谢意并以感谢的方式来寒暄。即使是一般人，在面对这些情况时，也应该以致谢的方式来寒暄：当有人为你端上一杯水时、当有人邀请你一同做游戏时、当有人热情为你让座时、当有人为你捡起你掉下的东西时、当有人送你礼物时、当有人帮助了你的学习时……总之，也就是在他人为你提供了服务或方便时，你都应该以致谢的方式与他人寒暄。而在这样的情景之下，我们常用的致谢语有："谢谢"、"谢了"、"非常感谢"、"十分感谢"等。此外，中国的传统致谢语还有"有劳你了"、"难为你了"、"劳您费心了"等。

4. 谦敬式寒暄

当我们面对的是长辈、老师或客人时，一般常用谦敬式的寒暄语。如表达仰慕的有："见到您不胜荣幸"、"您就是张老师，真是百闻不如一见啊"等；表达拜托的有："请多关照"、"承蒙关照"、"拜托"等；表达慰问的有："辛苦了"、"您受累了"、"您真不容易"等；表达同情的有："真难为您了"、"您受苦了"等；表达挂念的有："您现在还好吗"、"生活愉快吗"等；表达祝福的有："万事如意"、"一路顺风"等。

在不同的聊天场合，还应该根据不同的情形，选择不同的谦敬式寒暄语。比如：初次见面说"久仰"，很久未见用"久违"，等候客人用"恭候"，请人勿送用"留步"，陪伴朋友用"奉陪"，中途先走用"失陪"，请人批评用"指教"，求人原谅用"包涵"，请给方便用"借光"，求人指教用"赐教"，向人道贺用"恭喜"，看望别人用"拜访"，宾客来访用"光临"，赞赏见解用"高见"，老人年岁用"高寿"，女生年龄用"芳龄"……

在使用谦敬语寒暄时，不仅要注意对象、范围和功效，还应根据不同的情境，针对不同的对象灵活使用，既要彬彬有礼，又要不落俗套，这样才能营造出亲切友好的交际气氛。

5. 即景式寒暄

即景式寒暄，就是以当时身边出现的人和事作为寒暄的话题，见机行事，信手拈来。例如：在生日宴会上，你可以说"今天的晚餐很丰盛”；在朋友家中，可以说“这房间布置得很有品位”……此类常用的即景话就是“今天的天气真不错”等。

在日常生活中，还可以根据对方的特点和当时的场景来寻找一些即兴的话题作为寒暄语。例如看到对方正在做什么、正做完什么或将要做什么时，就可以将其作为寒暄的话题。譬如：“买菜呀!”“上课了?”“上街呀?”“哟，浇花啦?”“这么晚才吃饭呀?”等等。

以对方感兴趣的事作为寒暄语，同样可以起到很好的效果。例如，你知道对方喜欢音乐，不妨先与对方谈谈贝多芬、莫扎特或谈流行歌曲、歌唱家、当红歌星等。只要你对音乐略知一二，你们很快就会找到共同的话题，由寒暄进入攀谈。如果你对音乐不在行也没关系，你可以趁机向对方求教，这样，既显示你谦逊有礼，又可学到一些音乐知识，岂不是两全其美。

当然，即景式寒暄需要注意场合。例如，看见对方从洗手间出来，就不能问“解小便啦?”更不要问“吃了吗?”等。这类话在这种场合既不雅，也不宜。另外，除非关系特别亲密，也不宜贸然打听对方的私事，如“你们家昨晚又吵架了?”“听说你最近捞了不少外快?”等。这类话题在社交场合是十分忌讳的。

6. 攀认式寒暄

攀认式寒暄虽然有点攀亲拉故的味道，但也不失为一种聪明的寒暄方式。人与人之间的聊天，实际上就是感情的交流。而交流则需要建立在了解的基础之上，只有事先对聊天对象有个大概的了解，在聊天过程中，才能抓住对方的心理，达到自己的目的。每个人都希望他人对自己畅所欲言，但那需要激起对方的聊天欲望，打开对方的“话匣子”，从而引起共鸣。当然，这需要以了解对方为前提。有时候，为了拉近彼此的距离，就可以以双方的共同点来作为寒暄的话题。例如:“听说你也是××学校的,说起来我们还是校友呢!”“我曾在你的家乡住过好几年,我们也算是半个老乡呢!”“你也认识王老师?她是我读三年级时候的班主任呢!”等等。这样的攀认式寒暄,使交际的双方很快就能找到相同或相似点,增加彼此的亲和性,这就为进一步的深入交往奠定了良好的基础。

把话说到对方的心坎里

相信大家都有这样的经验,聊天过程中,对方温润体贴的语言常常让我们如沐春风,感动万分。仔细思考,为何有的言语让你沮丧不已,而有的言语却能让你身心温暖呢?而在聊天中,自己的言语,带给对方的又是怎样的感觉呢?

相信很多人都希望自己的话语能够拥有感动、温暖人心的力量。然而,聊天不仅是语言的交流,更是人们内心的交流。如果能在对话时,养成站在对方角度看问题的习惯,时刻体会对方的心情,把话说到对方的心里,那么你一定能够拥有这种力量。

把话说到对方心里之所以能感动人心,就是因为在无形之中,你自觉并悄悄地将谈话人的角色互换,将自己固执的立场转移到对方的立场上,把对方的所作所为、所言所语,当作是自己的来对待。这样一来,你言我语,你倾我诉,对方就能够从你的言语之中,得到被尊重与肯定的感受,而你说出来的话就会很容易产生“句句入耳、词词入心”的效果。

高柏阳去参加一个聚会，正好看到一位有过几面之缘的企业家坐在一旁若有所思地喝闷酒。

高柏阳走过去寒暄了两句，说："既然出来玩儿了就只想开心的事儿，今儿咱哥俩不醉不归。"

企业家举起杯子道："你说得没错，但是一批产品出了纰漏，我怎么开心得起来。"

高柏阳说道："确实，谁遇见这种事儿都会心烦。"

"这还不算！"企业家接着说，"我公司的首席设计师跳槽到了对手的公司……"

高柏阳听着、附和着，不断为企业家的遭遇感到惋惜和气愤，但是说着说着，企业家反倒情绪好转了一些，他对高柏阳说："谢谢你，兄弟，今天和你说这么多我心里舒服了很多，别为我担心了，所有的一切都会好起来的，到时候咱们哥俩再坐在一起好好聊聊！"

其实整个过程高柏阳并没有为企业家提供什么可靠的建议，他只是付出了一份情感，感受企业家的困难并给予其体谅和尊重。语言的力量有时候是超乎想象的，高柏阳把话说到对方的心坎儿上，便获得了对方的好感和信赖。

很久以前，当大家都还没有用上电的时候，一群年轻的姑娘晚上在一起加工针线活，大家平分点灯的油钱。可是有一个姑娘家里很穷，根本出不起油钱，她想抓紧时间多干点活挣钱，所以就和大家混在一起。等到大家发现后，刚开始大伙经过讨论，决定让她离开这里。穷姑娘请求大家留下她，说"我因为给不起油钱，每天总是早早赶到这里来打扫好房间，准备好一切东西，你们来了就可以直接干活了。而我在这里干活的时候，大家不会因为我的到来，而耗费更多油钱，油灯也不会因为要多照顾我一个人而变暗。可见我的到来你们并没有什么损失，相反，我为大家打扫房间，准备东西，你们可以节省更多的时间，这样不是大家都得到好处了吗？为什么就一定要我走呢？”大家听了她的话，想了想，觉得很有道理，最终大家再也没有提让她离开。

那个年轻的姑娘很会说话，她能够时刻把别人的利益放在首位，然后通过分析，把对双方都有好处的道理讲清楚。最后说服她们改变自己的想法，达到自己的目的。

把话说到别人心里，在事情发展不利的时候，可以扭转乾坤，达到预期的目的；话说不到别人心里，即便是好的事情也可能办砸了。

赵娜到一家公司已快两年了，工作上也颇有成绩。最近听说部门主任离职了，据说副主任将成为主任。公司可能会从他们办公室的几个人里选出一个副主任，于是很多人都开始私下活动，对此赵娜也很有意见，可是却没有办法。一天，副主任找她聊天：“你到公司已快两年了，工作成绩不错，对于这次的人事调动你有什么看法没有？”听到副主任这样说，她一时间也不知道怎么回答，不过想到自己没有什么希望，也只好就自身情况表明自己的态度，她回答：“实在不好意思，我虽然来公司两年了，可平时对公司里的其他方面也没太在意，平时只顾着低头干活了，一时也没有什么意见。一直以来，我都认为做好自己的工作最重要。”领导听了她的话，点了点头，让她回去继续工作。可是让她没有想到的是，半个月后，她被提升成了副主任。

由此可见，如果能够把话说到对方心坎里，看似没有把握的事情，也会出现转机。要想把话说到对方心里，要根据对方的心理去说话，会达到以事半功倍的效果。我们要想不伤害对方又能获得好人缘，不仅善于察言观色，推测他人的心理，更能够从对方的角度出发，设身处地地替对方考虑，这样一来，双方就可以顺畅交流，达到预期目的。

话多不如话少，话少不如话好

在与他人聊天过程中，要学会少说话，因为千言万语也不及一个事实给人们留下的印象深刻。如果想要使你所说的话令人重视，有一个技巧就是少说话。少说话的人有更多的时间进行思考，因此说出来的话更为精彩。当更有经验的人或者更了解情况的人在座时，你更应该少说话，如果多说了，就等于自曝己短，同时失去了一个获得知识和经验的机会。

当然，仅仅少说话还是不行的。说得太少有时不能达到交流的目的。试想一下，一个闷罐子怎么会赢得别人的欢迎呢？说得少固然重要，更重要的是要说得好。在日常生活中，你不但要学会适时地沉默，还要学会优美而文雅地谈吐。少说话固然是美德，但是人处于社会中就不能完全不说。也就是说，你要做到既说得少，又说得好。在各种不该开口的场合，要做到少说话并适当地缄默。在该说的时候，就要注意所说的内容、意义、措辞、声音和姿势，要注意在什么场合说什么话。无论是探讨学问、接洽生意还是交际应酬、娱乐消遣，你要尽量使自己说出来的话重点突出、具体而生动。

我国历史上第一次农民大起义是由陈胜、吴广发动的。据《史记》记载，发动这样一次名彪青史的壮举，陈胜只讲了短短的几句话："公等遇雨，皆已失期，失期当斩。借第令毋斩，而戍死者固十六七。且壮士不死即已，死即举大名耳。王侯将相宁有种乎！"总共46个字，就把意思说清：大家遇到大雨，现在都已经错过了到达的日期，错过了日期就要被杀死。即使我们去赴命，不被杀，但是守边疆的人中也会死去十之六七。况且现在我们起义也不一定会死，就算死了，我们也名垂青史。难道王公贵族是天生的吗？

就是这样简简单单的几句话，将这么多的人都调动了起来，不得不说陈胜深谙说话之道。

《红楼梦》中贾元春回荣国府省亲，见了久别而又盼望的弟弟贾宝玉，百感交集，自然应有一肚子话要说。然而，曹雪芹笔下的元春并未发表长篇大论的思念之辞，而是拉起弟弟的手，只说了一句话："又长高了……"继之泪下如雨。

在这里，元春的话实在说得太少了，但是却使我们更加强烈地感到了她痛苦的内心活动，收到了"以少胜多"的效果。如果元春滔滔不绝地说这说那，即使言辞中有许多善于表达痛苦的成分，但是人们的心灵也不会像"又长高了"四字触动得那么剧烈。因为能够反复陈述痛苦者，其痛苦尚属能抑制的状态，而连陈述痛苦都无法坚持者，其痛苦程度一定远胜于前者。

公司总经理抽空参加了员工的结婚典礼。贺喜的人们发现总经理到场后，情绪一下子都高涨起来，热烈鼓掌欢迎总经理说两句致辞。当时，总经理并没有准备要发言，但是置身于喜庆的环境中又不能让大家扫兴，于是灵机一动，来了个一句话演讲："我只想说，请新娘放心，因为根据新郎的名字，他一定是一位好丈夫。”

听到总经理的这句话，刚开始大家都有些莫名其妙，但很快就恍然大悟。原来，新郎的名字是“良夫”，不就是好丈夫吗？大家一下子都拍手笑了起来。

但是，有的人却不懂得“贵简”这个道理。古今中外，都不乏“啰唆”的典型。

明朝有个叫茹太素的大臣，给朱元璋写了一份一万多字的奏折，谈的是朝廷应该如何选用人才的问题。朱元璋叫人读给自己听，读了6370个字，还听不出个所以然来。朱元璋气坏了，他立即当着文武百官的面，把茹太素打了一顿。

所以，在与他人聊天时，需要将自己的真实意思用尽可能少的话表达出来，但并不是话说得越少越好，因为还要考虑到说话的效果。说得太少，表达的意思往往就会不够清晰，最重要的就是将话说得少而好。那么，在聊天中究竟怎样才算是说“好”话呢？对此，不妨从以下几点来努力：

1. 别人受窘时，说一句解围的话

当别人身处窘境，进退两难的时候，及时说上一句话帮他解围，既能让对方觉得宽慰，也能让自己成为一个言之有术，懂得说好话的人。

2. 别人沮丧的时候，说一句鼓励的话

当别人因为受到挫折而感到沮丧的时候，说上一句鼓励的话，让他重新找到生活的信心。若能在关键时刻说出这样的话，对方可能会把你这句好话记一辈子，同时也会把你的温暖、你的好记一辈子。

3. 别人疑惑的时候，说一句点醒的话

俗话说“当局者迷，旁观者清”，当别人被某一件事情困惑的时候，作为一个局外人，用一句话去点醒他。点醒的话可以简单说、直白说，但不要忘了把指导的话说得好听，这样对方才更容易接受。这样一来，对方就会真心采纳你的建议和指引。

4. 别人无助时，说上一句支持的话

每个人都有无助的时候，在别人感觉到无助的时候，说上一句话去支持他，就可能会改变他的心情。对于无助的人来说，世上最动听的话莫过于支持他们的话。因此，当别人绝望无助的时候，不要吝啬说句鼓励、支持的话。哪怕是简单的一句“我相信你”，也能给对方莫大的力量。

陌生与熟悉，仅有一句话的距离

无论在工作中还是生活中，聊天对象中都会出现陌生人。与陌生人见面时，说好开场白，进而带动聊天可以继续流畅地进行下去，这是使双方关系可以建立并延续的有效手段。

有位大龄男青年，眼看就到了“奔四”的年龄了还没结婚，周围人都替他着急。一次，好心的邻居为他介绍一位姑娘，约在咖啡馆见面。

大龄男青年来得早，就在座位上等。一会儿，姑娘到了，大龄男青年连忙站起来，让姑娘坐下，可是因为紧张，起来的时候差点把椅子带翻了。姑娘没有介意，坐下之后，只见这位大龄青年低着头，不断地搓手，一句话都说不出来。为了打破尴尬气氛，大龄男青年鼓起勇气，说了一句：“你想吃点什么？”

姑娘愣了一下，说：“已经吃过了。”

其实，大龄男青年是想说“你想喝点什么”，由于一时紧张，把开场白说砸了。接下来的情形可想而知——姑娘找借口提前离开了。

其实，这位大龄男青年的问题，很多人多少都会有，那就是面对陌生人，虽然有沟通的欲望，但是因为各种各样的心理负担，会在陌生人面前说不好开场白，从而影响正常的沟通。如果这位大龄男青年说好开场白，效果就有所不同，也许就会赢得姑娘的好感，可能这门亲事就成了。

通常对于陌生人，每个人都会在下意识中存在心理障碍。所以，要在短时间内打破这种障碍，才有可能争取更多的相处时间。这时，开场白就显得十分重要了。比如，在一个寒冷的夜晚，你和另一个人在公交车站等末班公车。如果你想与对方建立交流的话，一句“今晚真是冷啊，对吧？”就可以引起对方注意，如果对方愿意跟你聊的话，自然会做出一些回应。但是如果仅仅只是说这一句话，只能开始十分短暂的交流。如果你能多说一些，比如“今晚真冷！像我这种从小在南方出生，在南方长大的人，就算已经在这儿住了好几年，仍然是不太习惯啊”。对方若也是南方人，那么就会产生共鸣，你们的共同话题就会多一些。哪怕对方不是南方人，也会因为你提到了自己的故乡而有更多的话题，甚至会对你产生兴趣，想进一步了解你，这样就可以让交流深入下去。很多好的关系就是这样在看似不经意间建立起来的。

有位男孩看到一位美女，很想认识她。怎么才能够和她套近乎呢？男孩灵机一动，想到一个办法。于是，他绕到女孩身后，叫了一声：“嫣然！”女孩回过头，男孩满脸赔笑，立刻道歉：“对不起、对不起，我还以为你是我同学呢！当你回头，我发现我认错了，不过你比我那位同学长得更漂亮……”

女孩虽然被误认，心里还是美滋滋的，和男孩聊了起来。男孩搭讪成功。

这个案例中，男孩巧妙地认识了女孩，关键在于他的开场白说得好，让女孩无法拒绝或反感。所以，要想和陌生人聊下去，开场白非常重要，直接影响到以后的谈话。一个高超的开场白，就像一张名片，能在对方心里留下良好的印象。当然，与陌生人见面时的开场白，一定要以亲切、贴心为主，让对方有安全感，有想继续聊下去的欲望。有了良好的开场白之后，如何与陌生人快速打成一片，以下几点值得借鉴：

1. 让对方很快记住你的名字

名字是让一个人在最短的时间内记住你的最好方法。与人初次见面，你可以对自己的名字做一个风趣而又简单的介绍。比如：“我姓马，马到成功的马，相信你在遇到我之后，无论做什么事情都能够马到成功！”

2. 将对方的名字挂在嘴边

“谢谢你，小方！”“小方，你认为这份计划书怎么样？”像这样，不时地将对方的称呼挂在嘴边，就能够很快地让对方感受到你对他的重视，并且对你油然而生一种亲切感，因为一般情况下，只有自己亲密的朋友才会叫自己的名字，这也是你对对方的一种认可。在与陌生人首次接触的时候，因为对对方其他的方面都不是很了解，所以如果你不时地叫出对方的名字，一定会在第一次聊天结束时给人留下相对深刻的好印象。

3. 重复对方说过的话

在和对方聊到一半的时候，如果你能把对方之前说过的话拿来做引子，另起话题，一定会让对方觉得你很重视和他之间的聊天，尤其是他感到比较得意或印象深刻的事情，这会让对方感到非常愉快。

4. 事先了解对方的基本情况

有位记者去采访一位很有名的明星，主要是想谈论一下明星新拍的电影。见到明星之后，记者的第一个问题就是："请问您新拍的电影叫什么名字？您出演的又是什么角色呢？"明星非常不高兴地说道："请问您今天是来做什么的？电影的宣传片您都没有看过，我想我根本没有必要接受您的采访。"

如果是主动约见从未谋面的对象，一定要事先了解对方的基本资料，只有让对方感受到了你对他的了解和关注，才能让对方从心底接纳你。

5. 适当暴露你的缺陷

很多时候暴露缺陷可以赢得关注。实际上，一丁点瑕疵根本遮掩不了你本人的光辉。之所以这样说，是因为坦率地暴露缺点，反而使人对你正直、诚实的作风留下深刻的印象，而这种诚实、正直往往转变成别人对你的信任，自然你也就可以从中受益了。当然，暴露自己的缺点，绝不是让你毫无保留。你一定要把握一个度，让对方觉得你"除了有点小缺点外，没有什么大毛病，整体来说是个相当不错的人！"这样才能让你的好形象印在对方的心中。

6. 不过分掩饰自己

不要掩饰自己，把自己真实的性格全面展示给对方。有时候你不想让对方看透自己，觉得对方发现自己的弱点是个糟糕的事情，可是，这样做的结果是最终束缚了你自己，不能畅所欲言、自由表现。如果这时你把自己性格的真实一面展示给对方，不要有太多的顾虑，反而会收到好的效果。

7. 坐在对方旁边的位置

相当一部分人在和陌生人见面之后，总是带着紧张和畏惧的心理，恨不能离人家远远的。可是这样做对对方了解你没有任何益处，因此，为了制造初次见面的亲切感，你可以坐在对方旁边，这样既不必时时看着对方的眼睛让自己产生紧张感，还可以更清晰地听到对方的谈话。

管好自己的嘴，不该说的不要说

与人相处，会说话是一门艺术，特别是聊天时一定要做到不该说的不要说。毕竟每个人都是有自尊心的，总希望受到别人的尊重，人们都不愿意有人触及自己的憾事、缺点和那些令自己感到难堪的事，这也是一般人都共同具有的心理。因此，在聊天中，一定要注意尊重别人，把握说话的分寸，否则就会令人际关系恶化，最终导致为人处世上的失败。

茉莉性格开朗，说话时向来无所顾忌。一次，她和公司的一个男同事共同负责一个项目，在工作的过程中，男同事的能力明显不如茉莉，因此延误了项目完成的时间。茉莉为此没少埋怨这个拖后腿的同事。不仅私下和好姐妹们聊天时大倒苦水，在公司也几次和同事们抱怨："这种能力的人怎么能进我们公司！谁把他招过来的啊！真没眼光。"同事听了，都不知道该接什么话，只好悻悻而去。

后来，茉莉被莫名其妙地辞退了。

伤心不已的茉莉后来才知道，那个拖后腿的男同事是总经理的一个亲戚，茉莉的口无遮拦无意中得罪了总经理，祸从口出的茉莉不得不重新去寻找工作。

俗语说："金无足赤，人无完人。"人或多或少总会有一些不尽如人意的小毛病。在与他人交往的过程中，谁都希望自己做个举止得当、言语得体的发光体。语言是人际交往的工具，讲究方式方法，说话要把握一个相应的尺度，你在与人交谈或者交往的过程中，如果没有领悟对方的意图就不要随意开口，不能带着情绪指责甚至拆别人的台，毕竟人都有自尊和容忍的底线，更不能无事生非没话找话，那样只会适得其反，甚至弄巧成拙让事情变得糟糕。如果你是个细心的人，就不难发现生活中有很多引发口角之争的事情，多是因为说话没有把握好尺度。

李燕是一名外企公司的职员，刚进公司时，大家都觉得她聪明伶俐，工作能力也非常强，所以很多人都喜欢她。但是，相处的时间长了，大家才发现，她在与同事的接触中很骄傲，说话也不注意分寸，总爱揭别人的短处。

有一次，同公司的同事安安穿了件新衣服，午休时间，大家聚在一起聊天时，纷纷称赞安安穿的新衣服既漂亮又合身。可李燕却直冲冲地说了句："这衣服是挺漂亮的，但是一点都不适合你穿，你太胖了。这衣服适合那些身材高挑的人穿，那样才能显出衣服独特的气质。"

听了这样的话，安安的脸立刻就涨得通红，显然是生气了，其他夸赞过衣服如何好的同事也相当尴尬，很快就借口走开了。其实，李燕说的话也并不是不对，安安的身材确实有些丰满，穿上那衣服是有些不太合身，但是也别有一番韵味，她这样一说却让人感到非常难堪。

可是她自己却浑然不觉，总觉得自己很有品位，看得比较准，哪知道人家其实是不愿意和她计较而已。虽然有时李燕也会为自己说出的话不招人喜欢而后悔，但她根本不在乎，她依然说那些不知分寸的话，以此嘲弄别人，觉得自己很聪明；久而久之，同事们都把她排除在集体之外，很少有人主动跟她聊天了。李燕不知道为什么会变成这样子，却不知她其实是在为自己的说话没分寸在埋单。

其实李燕的本意是想和同事拉近关系，可是她说话太不注意分寸了，总是直言直语，不加修饰，不顾及人家的感受。别人虽然也知道她说话没有什么恶意，但她的朋友并不多，在公司里也独来独往，不受欢迎，显然，说话不注意分寸直接影响了她的人际关系。

同事小王不把自己当外人，总是用小李的卫生纸，自己几乎从来没有买过。

刚开始小李觉得没什么，毕竟卫生纸也花不了几个钱。可是，小王越来越得寸进尺，卫生纸用得很浪费，害得小李几天就要买一次卫生纸。

小李终于无法忍受了，借着聊天的机会，对小王说："小王，你这几天是不是吃坏肚子了？要不要我陪你去医院啊？我看这卫生纸蹭蹭地被用完，买卫生纸的钱也够你买盒药了。"

小王笑着说："不用不用，我自己去就行。"

自从小李这次"关怀"之后，小王收敛了许多。

小李通过这种巧妙的说话技巧，让小王明白了他的真正意图。

小李的做法值得称道，他在不该说某些话的时候，管住了自己的嘴，做到了不该说的没有说。如果小李直接对小王说，“你也太不像话了，用了我那么多的卫生纸。”小王肯定脸面上挂不住，甚至二人可能会反目成仇。

因此，我们在与人聊天时，哪怕是最要好的朋友，说话也要注意分寸，绝对不可以无所顾忌，想说什么就说什么。如果你在对方面前说得太“放肆”，在你看来你所说的话没有问题，但对方可不这样认为，一旦你的话让他听着不舒服，就可能为聊天无法正常进行下去埋下伏笔，更有甚者会当场与你翻脸，将好端端的聊天升格成争吵或不欢而散，其结果你只能为未能管住自己的嘴而独自吞咽苦果。

话不要说得太绝，点到为止刚刚好

聊天时，经常会听到这样的话“一定可以”、“绝对没问题”、“保证能够完成”……这不失为是自信的表现，应该给予肯定，一旦实施起来，但谁又能保言出必果呢？俗话说：天有不测风云，人有旦夕祸福。谁都无法预料会发生何种意外，当你因为某件事而耽误了，未能预期完成别人交给你的任务时，岂不是很尴尬很没面子呢？

所以，说话时，特别是向某人做出承诺时，不要说得过于绝对。上面的话，如果换一种方式说，例如“我尽力而为”、“全力以赴”。那么即使事情没有办成，别人也无法说什么，因为谁都不能否定你已经尽力了。

有位女孩在珠宝店做销售工作。一天，珠宝店里来了一位衣着光鲜的年轻人。这位年轻人目光游移不定，表面上是在看柜台里的项链，实际上在用眼角的余光窥视相邻柜台里的钻戒。年轻人徘徊一会儿后，将脚步停留在钻戒柜台前，示意女孩将钻戒从柜台里拿出来。出于职业习惯，自年轻人进店后，女孩就格外留意他。

来的都是客，既然年轻人要求看钻戒，女孩也不好说什么，只得照办。就在她把装有六枚钻戒的托盘拿出来，还没来得及放到台面上时，年轻人看似一个不经意的动作，刚好碰到了托盘。里面的钻戒瞬间从托盘里掉落到台面上。年轻人一边说对不起，一边帮女孩把散落的钻戒重新放入托盘内，然后借故离开。

自己从柜台里取出时明明是六枚，现在却少了一枚，女孩的警觉得到了验证。就在年轻人刚要迈出店门时，女孩叫住了他：“对不起，先生！”

年轻人犹豫了一下，转过身来，问她有什么事儿。此时，女孩说道：“先生，你也知道，现在找工作非常难，这是我的第一份工作，我非常珍惜，不想失去它。”

年轻人马上明白女孩的意思了，脸上带着愧意，说：“的确如此，现在就业很困难。”

女孩又说：“如果现在站在柜台里面的是你，我想你也会珍惜这份工作。”

听到这话，年轻人走到女孩面前，伸出右手，说：“祝福你拥有这样一份体面的工作！”

女孩立即伸出手来迎接他的“祝福”，然后以十分柔和的声音说：“也祝你好运！”钻戒就在年轻人的手掌里，女孩高兴的拿回了失去的钻戒。

在这个故事中，女孩是睿智的。当发现钻戒丢失以后，女孩知道是被年轻人偷走了，但她没有直接说“你偷了我的钻戒，赶快拿出来。”而是说自己很珍惜这份工作，不想因此而失业。女孩用点到为止的说话方式既给自己留有余地，也给足对方面子。如果说得太绝了，万一不是年轻人偷的，掉到其他地方了，女孩就会显得很被动很尴尬。当她用点到为止的方式告诉对方后，对方立刻就明白了，把钻戒归还给女孩。

在一家著名的企业里，两位职员为竞争一个客户产生了矛盾，其中一位职员对另一位职员说：“从此以后，你走你的阳关道，我走我的独木桥，我们恩断义绝。”而另一位职员却什么也没有说。

戏剧化的一幕出现了，经过一段时间的努力，那位什么话也没有说的职员，成了另一位职员的上司。这样一来，把话说得绝对的职员，意识到自己的处境很尴尬，最后不得不辞职，离开了这家大公司，去了另外一家规模小的公司。

你看，话说绝对了就是这样的后果。

因此，在生活中，即使与人交恶，也要克制自己，不要恶语伤人，更不要说“恩断义绝”这种太过绝对的话，要为以后的彼此相处留下“面子”。

形象地说，话说得过于绝对，就像是往装满水的杯子里倒水，杯子的容量有限，因此，水太多会溢出来；同样，也像是往充满了气的气球里充气，气球会爆炸。所谓“水满则溢，物极必反”说的就是这个道理。

因此，在说话的时候，要考虑周全了再开口，切忌过于绝对。言，要有所不言。这样才能在复杂的人际关系中游刃有余，八面玲珑，活出自己的精彩。

若不然，不但日后可能会让自己碰壁，当下就可能被人抓住“把柄”，让自己下不了台。

可见，过于绝对的语言，让自己无法自圆其说，而点到为止就不会有这样的尴尬。善于说话的人总是能做到言有不言，所以他们在各种场合都能做到游刃有余。那么，你在聊天中怎样才能做到点到为止，不把话说绝呢？

1. 突出你的诚意

与他人聊天时，必须怀着一颗体谅的心。即便对方在做事时某些方面还不完善，需要改进，但说不定他有难言的苦衷。所以，在点破他时，还要高呼理解万岁，不要只讲结果不讲过程。

2. 用事实说话

与他人聊天时，你的忠告必须建立在事实真相的基础上，捕风捉影、无中生有只会弄巧成拙。只有在了解事实真相的情况下，才能正确地判断是否有必要提出忠告，忠告该怎样去提，以什么样的角度提，取得的效果会比较好。

3. 给对方留余地

与他人聊天时，不能把对方的路堵死，切勿将他批评得一无是处，该隐藏的还是要隐藏，否则很容易引起对方的逆反心理，形成破罐破摔的局势，最终忠告没提成反倒被别人误会存心不良。含蓄指责的同时，不妨加些赞美。所以，在为他人提忠告时千万要谨慎行事，点到为止，留有余地。

因此，在人生旅途上，聊天时要坚持“点到为止，切忌过于绝对”的原则，这样才能给自己留足余地。在坏情况下，让自己有回旋的余地；在好情况下，能因自己所未言的话而赢得精彩。

为聊天加点味道

现实生活中，幽默的力量不可忽视，一旦你恰如其分地把你的聪明才智运用到幽默中，使别人和自己都享受到快乐，那么，你将得到更多喜欢你、钦佩你、支持你和关心你的朋友，如此一来，你的生活因为这种暖人的感情而变得更美好，而你的交际也会因之变得更成功。

因此，与他人聊天时，不要忽视了幽默的语言力量，相反，要学会用幽默的语言来灌溉你的友情。尴尬的时候，幽默的语言可以帮你化解尴尬；紧张的时候，幽默的语言可以帮你轻松地调动气氛；闹矛盾的时候，幽默的语言可以帮你化矛盾于无形……

一个刚毕业的女大学生，经历了多次求职失败之后，她到一家文化公司应聘文秘职位。在网上把简历发出去以后，对方很快将未能录用她的通知用电子邮件发给了她。可能是系统出现了什么错误，对方接连发了两封 E-mail 给她。她于是就幽默了一把，根本没有想到这把幽默还能够给她带来什么好运。她这样回信说："既然您对没有录用我表示如此的遗憾和内疚，那么为什么就不能给我一次面试的机会呢？"然而，她万万没有想到，正是由于那封信的原因，对方给了她一个更好职位的面试机会，并且她顺利通过。

尝到了幽默的甜头，在后来与外国经理的相处过程中，她也总能够抓住机会幽默一下，使得本来尴尬的气氛变得缓和，而且，结局永远是快乐的。

例如有一次，外国经理不小心把一杯可乐打翻在了办公室的地毯上，他很不好意思地对这个女孩说："一会蟑螂部队肯定会大规模地袭击我的办公室。"这个女孩想了想，微笑地看着经理说："绝对不会，因为中国的蟑螂只喜欢吃中餐。"经理很愉快地看着她，放声大笑，以后的日子里，经理对她非常器重，而她的工作也变得越来越顺手。很快就升职了。

可见，幽默的人是充满智慧的，并且到处受人欢迎。在追求幸福的过程中，幽默是必不可少的，因为它是催化剂，能够让幸福来得更快一些，来得更早一些，甚至更多一点。

一位年轻的女教师，和同学们一起在校园的路上聊天，一个男生可能是因为谈话太过于激动，一不小心踩到了女老师的脚，他脸涨得通红，"对不起啊，老师，踩到您脚了。"老师却风趣地说道："是我把脚放错地方了。"这样的女人，这样的老师，能不被学生喜爱？被学生喜爱的同时，怎么能够不幸福呢？

那么，怎么才能让自己在聊天中变得幽默呢？下面为大家介绍几个行之有效的方式。

1. 扩大知识面

幽默是一种智慧的表现，它必须建立在丰富知识的基础上。一个人"肚里有墨水"，才能侃侃而谈，妙趣横生，进而无限幽默。因此，要想让自己成为一个幽默的人，必须广泛涉猎，不断给自己充电，让自己从浩瀚的书海中收集幽默的浪花，从名人趣事中撷取幽默的宝石。

2. 陶冶情操，宽容做人，乐观处世

幽默是一种宽容的表现。要想成为一个幽默的人，就要学会雍容大度，不能斤斤计较，同时还要乐观。要知道，乐观与幽默是亲密的朋友，做人如能宽容，处世如能乐观，那么你的生活就会少许多烦恼与忧伤，多很多趣味和轻松。

3. 培养自己的洞察力

只有迅速地捕捉事物的本质，以诙谐的语言、恰当的比喻去表达，才能使人们产生轻松的感觉。与此同时，还要注意的一点是，用幽默的语言灌溉自己的友情时要做到幽默而不俗套，这样才能真正让幽默成为友情的精神养料。

4. 主动交际，缓解压力

每个人都需要交际，良好交际的形成需要主动扩大交际面，这样有利于缓解生活的压力。这可以从多方面来努力，如与人为善、主动帮助他人等，这不但能促进友情，还能从其中获得生活的乐趣，汲取幽默的养料。

要想用幽默的语言来灌溉你的友情，你先得从以上几个方面来努力，让自己做一个幽默的人，才能说幽默的话。

化解窘境于无形或笑声之中

只有在融洽的氛围中，双方的聊天才能够正常进行。然而，很多人却不懂得聊天的技巧，他们在聊天时，难免会遇到一些窘境。遇到窘境不可怕，可怕的是不知道如何从窘境中解脱出来。一个在聊天中懂得化解窘境的人，一定是一个受欢迎的人。

公司一位女同事结婚了，大清早地就在公司派发喜糖。大家恭喜祝福的话不断，气氛十分活跃。这时，一位男同事嬉笑着问一位

33岁还未结婚的女同事："什么时候可以吃到你的喜糖呀？"大家都望向那位女同事。女同事的脸红了一下，迅速把脸转向旁边的一位女同事，指着她戴的耳环问："你这耳环设计很特别啊，很好看，在哪买的呀？我也想买。"于是两人就兴致勃勃地谈论起耳环这个话题来，那位男同事的问题就被抛下了。

大龄女子尚未结婚，对当事人本人来说，大多数都是有所芥蒂的。在大庭广众之下，被人问到这个问题，难免尴尬，要是做出了不好的回答，说不定还会引来大家的闲话。案例中的这位女同事反应不慢，她迅速地转移话题到同事的耳环上，这样就回避掉了让她尴尬的问题。提问的人见到这种情况，自然也意识到自己问了不该问的问题，大家也明白。所以，转移话题是摆脱窘境的基本方法之一。我们可以尽量圆融地去使用这一方法，让尴尬在不知不觉中被化解。

英国首相丘吉尔在担任海军大臣一职期间，曾经学过开飞机。他学得很用心，把负责训练他的军官都累坏了。不过丘吉尔虽然在政治上十分有手腕，但是在操纵飞机上却不那么得心应手。那么多各种各样的仪表，让丘吉尔眼花缭乱。

一次，在飞行途中，天气很糟糕，一段16英里的航程足足花了丘吉尔3个小时的时间。好不容易着陆，丘吉尔赶紧从机舱里跳了出来。但是他刚一落地，身后的飞机竟然再次飞向了天空，一头冲到海里去了。旁边的军官们目瞪口呆。

原来，丘吉尔忘了操作规程，慌乱之下又把引擎发动了起来。看着飞机"英勇"地殒身大海，丘吉尔也呆住了。不过他并没有太过惊慌，他摸摸自己的头，自我解嘲道："这飞机跟我也有段时间了，好歹有些感情吧。想不到这么不够意思，刚离开我，就奔向大海的怀抱了。”

一句话让紧张的气氛得以缓解，丘吉尔也得以摆脱尴尬。

很多时候，自嘲这种方法都可以将自己从窘境中解脱出来。自嘲能使自尊心通过自我排解的方式得到保护，也可以体现出说话者的风度和机智。不过要注意，自嘲实质上是当事人采取的一种表面消极，实为积极的方法，所以不要采取玩世不恭的态度。

安徒生是丹麦著名的童话作家。他经常戴着一顶破旧的帽子在街上悠闲地溜达。这天，他如往常一样，在街上走走看看，迎面遇到了当地一个富翁。这个富翁看到安徒生头上那顶破帽子，于是嘲笑道：“你脑袋上边的那个玩意儿是什么东西，可以算是一顶帽子吗?”安徒生马上回敬了一句：“您帽子底下的那个玩意儿是什么东西，可以算是一个脑袋吗?”

安徒生的聪明在于，他能直接仿造对方的话进行反击。那位富翁本想嘲笑安徒生衣着破旧寒酸，没想到反被安徒生嘲弄了。安徒生的这种方法叫作“仿拟话语”，就是用对方的句式，造一个相似但意思完全不同的句子反击回去。这种方法常常可以让别人“自己打自己嘴巴”。当别人尴尬的时候，你自然就不尴尬了。

有一次，美国的里根总统正在白宫的钢琴演奏会上讲话，这时夫人南希一不小心连人带椅摔到了台下的地毯上。这自然引来了台下人的一片尖叫。众目睽睽之下，南希没有慌乱，而是灵活地爬了起来，在大家的掌声中重新回到了自己的座位上。台上正在讲话的里根看到夫人没有受伤，心里松了一口气。在重新开始演讲之前，里根说道：“亲爱的，我告诉过你，只有在我的演讲没有获得掌声的时候，你才需要进行这样的表演。”

一句话，让台下的观众大笑起来，掌声顿时响了起来。而刚才夫人摔倒的尴尬自然也得到了化解。

不小心认错了人，衣服穿反了，走在大街上摔了一跤……生活中常常会出现类似的情景。在这种时候，如果可以不慌张、不慌乱，而是淡定地用幽默、戏谑的方式来冲淡尴尬，往往可以收到良好的效果。急中生智，带有幽默的妙语最能被人们所接受，因为它可以使人开怀大笑，任何窘境在善意的笑声中都可以得到摆脱。

总之，化解窘境有各种各样的方法。但最重要的原则就是，你不能使自己陷入尴尬中去，被尴尬控制住，而是要化被动为主动，主动地去化解它。

说错了话，道歉是最佳的方式

俗话说，人非圣贤，孰能无过。人在一生中，总会犯下各种各样的错误。在与他人聊天的过程中，我们难免也会有说错话的时候。这些说错的话不仅会让自己陷入难堪，也会让别人受到伤害，通俗点来说就是得罪了人。如果不能很好地做出事后补救，则在给别人带来痛苦的同时，也会给自己留下隐患，比如双方感情不再，你失去了一个朋友，严重的话还会多了一个敌人。

当意识到自己说错了话，最有效的方法就是道歉。如果你发现自己错了，碍于各种无谓的考虑，而迟迟不向对方道歉，甚至还找借口为自己辩解开脱，那么一定无法得到他人的谅解，只会让事情和关系变得更糟。相反，如果能够认识到自己的错误，并主动向对方道歉，承担责任，通常都是可以得到别人原谅的。那么，我们该如何为自己的错误话语进行道歉呢？

1. 态度诚恳

道歉的时候，态度一定要诚恳。道歉中，一句“对不起”是最直截了当的，但一句“对不起”并不等于完全道歉，很多人在说这三个字时，是敷衍了事的态度，只希望尽快息事宁人。就算你使用了很多的语句去道歉，但如果不是发自内心，对方感受不到道歉的诚意，那么问题依然没有得到解决。道歉的重点在及时，更在真诚和诚恳，你需要发出清楚的、诚恳的道歉信息。真正的道歉不仅仅是承认自己的错误，承认自己的言语和行动给双方关系或事情进展带来了伤害，更要勇敢诚恳地为自己犯下的错误承担应有的责任。通过道歉，表明你自己对已犯下的错误有了清醒的认识，并希望做出弥补。这样的态度和行为会让你得到别人的谅解，甚至还会增进双方的感情。毕竟，经历过挫折的感情更能经得住考验。

2. 说“对不起”时要堂堂正正

学会道歉，检讨自己，纠正错误，是一种美德和值得尊敬的事。因此不必躲躲闪闪，羞羞答答，但也不必夸大其词，一味往自己脸上抹黑，那样，别人不仅不会接受你的道歉，甚至觉得你虚伪。

3. 说“对不起”一定要及时

即使不能马上道歉，日后也要找准时机及时表示自己的歉意。

被评为“时代鼓手”的闻一多先生，早年曾是“新一派”诗人，曾同鲁迅作对。后来，当他发现自己错了时，鲁迅先生已经逝世了，于是他借纪念鲁迅先生的大会，当众表示自己对鲁迅先生的深深歉意。他说："反对鲁迅先生的还有一种自命清高的人，就像我自己这样的一批人。"讲到这里，他忽然转过头去，望着墙上挂着的鲁迅遗像鞠了一躬，然后说："现在我向鲁迅忏悔：鲁迅对，我们错了。当鲁迅受苦受难时，我们都正在享福。如果当时我们都有鲁迅那样的硬骨头精神，哪怕只有一点，中国也不会像现在这样了。"对于闻一多这种坦诚直率的品德，与会者无一不报以热烈的掌声。

可见，及时道歉，在很大程度上可以弥补言行不当带来的不良后果。

4. 不便说出口的时候，要巧妙表达

当然，如果你觉得道歉的话说不出口，或者是由于某种场合的特殊性不便说出口，不妨用别的办法来替代一下。比如，送一束鲜花、做一个动作甚至递一个眼神等。

在一次宴会上，丘吉尔先生和他的夫人面对面坐着。这时，人们看见丘吉尔先生的一只手在桌子上来回移动，两个手指向着夫人的方向弯曲，便问丘吉尔夫人："您丈夫为什么这样若有所思地看着您？他那弯曲的手指来回移动又是什么意思呢？"丘吉尔夫人介绍说："在离家之前，我俩发生过小小的争吵，现在他正在承认过错，用弯曲的手指向我道歉呢！"

5. 要有耐心

也许你的失误给了对方刻骨铭心的伤害，这时，道歉时你要有诚心，更要有耐心。一次不行就两次，两次不行就三次。濒于失去耐心与信心时，你要站在对方的立场上想一想：要是你，你能轻易原谅深深伤害你的人吗？"精诚所至，金石为开"，只要你敞开心扉真诚地对待对方，朋友间就再不会有解不开的心结。

不要把心里话都掏出来，留些余地给自己

中国有句老话说：“逢人只说三分话，不可全抛一片心。”这就是说，在与人交谈中，很多时候只需说三分话，另外七分话没有必要说出来。然而现实中，很多人也许以为大丈夫光明磊落，事无不可对人言，何必只说三分话呢？而深谙世故的人却不这样想。其实在说话时必须看对方是什么人，如果对方不是可以尽言的人，你说三分真话已经是有些多了。

陈玲是公司市场部的一个小组长，工作也挺认真负责，可是她有一个毛病，就是说话不留余地。上季度，她所带领的小组在业绩上遥遥领先，全组人都特别高兴。

前几天，公司接手一个新的项目，难度比较大，领导把这个项目交给两个能力比较强的组长——陈玲和江磊看，并且问道：“这个项目很重要，关系到公司未来发展，让你们做这个项目有什么问题吗?”陈玲一口回道：“放心吧，这事交给我，保证没有问题。”领导听了她的话，接着说道：“要是到时候没有完成任务呢?”“要是完不成任务的话，我主动从公司辞职。”领导听了她的话，没说什么，转过头问江磊。江磊把项目认真地看了看，说：“我以前与这类项目接触得很少，具体情况还要看操作的时候是什么样，现在不能一口肯定就一定会成功。但是如果你肯相信我，让我负责这个项目的话，我一定会尽自己最大的努力完成任务。”

面对两种不同的回答，领导选择的结果可想而知。生活中，像

陈玲这样的人很多，她们总觉得凭自己的能力，应该能完成任务。可谁能料到中间会不会出现意外情况，把话说得太绝对，反而让人不能信任。相对来说，江磊的话说得就比较谨慎，他先是分析了自身的情况，然后根据实际情况向领导做出说明，不把话说绝，让领导觉得他很诚恳，也让他自己有了回旋的余地。可是，有些人却只想承担别人不敢承担的事情，以为这样可以让领导发现自己过人的胆量。谁曾想到头来，却很有可能会让自己无法下台。

吴明是个天生藏不住话的人，有话憋在心里就觉得很难受。因此，要是遇见观点相同的人，他就会把心里话和盘托出。正因为此，他没少栽跟头，付出的代价也是惨重的。

有一段时间，吴明的工作比较清闲，在办公室里就和同事们闲聊，刚开始只是天南海北地胡侃，时间长了，他就对同事们放松了警惕，把“逢人只说三分话，不可全抛一片心”放到脑后去了。他认为自己与同事们关系都比较要好，又在一个办公室上班，没必要处处设防。有一天，在同事说出了一个话题后，他就跟着把刚刚听到的一个消息说了出来，说过之后就抛在脑后了。没有几天，领导找他谈话，说是由于工作需要，要派他到另一个单位去上班，还夸赞他工作能力强，只有他能做好。几句话把吴明夸得心花怒放。

吴明还以为领导真的要提拔他，就高兴地答应了。可是，在新单位没过多久，他又被以种种借口“请”到其他无足轻重的单位。正在吴明满头雾水之际，有位同事告诉他：都怪你的那张嘴，有时候出卖你的就是你认为最信任的朋友。听了这句话，他才恍然大悟。

无论是在职场中还是日常生活中，到处充满了斗争与矛盾，小人也无所不在，如果我们说话稍有不慎，便会落入危险之地。因此，与他人聊天中，“逢人只说三分话”并不是狡猾和不诚实，而是一种修养，同时更是对自己的一种保护。那么，怎样才能做到给自己留点余地呢？

1. 从思想上先要把事情的不利因素考虑清楚

在做任何决定之前，都会先把利害关系考虑清楚，然后再做出决定，给予他人答复。即使已经胜券在握，也不能满口应承，而是事先给自己找好台阶，以防意外情况的发生。只有那些自以为是的人，才会做事不顾后果，只图眼前一时之快，这样做的后果，很有可能会给自己惹来很多麻烦。

2. 要注意措辞恰当

一个懂得聊天技巧的人，在答复他人的请托时，会以“我尽量、我试试看，我认为”这类字眼作为自己的答案，而不是给予“我保证”之类的肯定答复。因为意外之事常常是很难预料的，说话先给自己留点儿余地，才是明智之举。

第三章
把握心理，把话说得恰到好处

一个真正懂得沟通、善于聊天的人，说话并非字字珠玑、句句含金，他们却总能够知晓对方想听什么话、不想听什么话，需要什么话、反感什么话。因此，他们总能够运筹帷幄，在复杂的人际交往中得心应手、游刃有余。

洞察人心，说对方想听的话

聊天时，说话要想达到预期的效果就要切准对方的脉搏，说出对方想听的话。只有说出对方之所想，才能够使自己取得有利地位，巧妙地赢得他人的肯定。

三国时期的杨修，在曹营内任主簿。他才思敏捷，是当时不可多得的人才之一，但是由于个性十分恃才自负，屡次得罪曹操而不自知。

一次，曹操的手下为他修建了一座漂亮的花园，花园建起来后，他们很想听听曹操的意见，于是请他来观赏观赏。花园里面有山有湖，有花有草，花红柳绿的，曹操十分满意。但是当他走到大门口的时候，他停下了脚步，微微皱了皱眉，拿起笔在大门上写了一个“活”字，什么话也没说就走了。

这是什么意思呢？大家凑在一块猜测着。有的说，大概是他嫌这门太活动了，有的说可能是嫌这门太不灵活了。大家各人坚持各人的观点，谁也不相信别人的，于是一起去找杨修，因为大家都知道杨修是个很聪明的人。

听完大伙的话，杨修摇摇头说：“你们一个也没说对。门中加‘活’字不就是‘阔’字吗？丞相是嫌这门做阔了。”听杨修这么一说，大伙才恍然大悟。于是叫工匠把门改窄了一些。曹操看后十分满意，他冲着杨修笑了起来，他知道一定是杨修猜出来的。

又有一次，有人给曹操送来一盒酥糖，曹操命令左右把它放在桌子上，随手写了“一盒酥”三个字就离开了。大家围在一起，就是不知道曹操的意思。这时，杨修径直走上去把酥糖打开，让左右官员分吃光了。看到曹操从后厅出来，大伙都吓变了脸。曹操看到这种情况，假装生气地说：“你们为什么事先不请示我，就把我的酥糖全吃了。”

这下大伙全慌了神，不知如何是好。杨修不慌不忙地对曹操说：“丞相亲笔写了‘一盒酥’，拆开来不就是‘一人一口酥’吗？我们这是在执行您的命令呀！”曹操听完，哈哈大笑起来。

曹操恐怕别人暗害自己，经常吩咐左右：“我梦中喜欢杀人；凡我睡着，你们都不要靠近。”一日，曹操白天睡在帐中，被子落掀在地，一侍郎急忙取被给曹操盖上。曹操突然从床上跃起拔剑把他斩杀，又上床睡觉；半天而起，假装惊异地问：“谁杀了我的近侍？”众人以实相告。曹操痛哭，命人厚葬侍者。人们都以为曹操真的梦中杀人；只有杨修知道曹操的心思，临葬时指侍者而叹息：“丞相不在梦中，你在梦中啊！”曹操听说后更加讨厌杨修。

曹操欲试曹丕、曹植之才干。他让各出邺城门；同时又密使吩咐门吏，令他们不让放行。曹丕先到，门使阻止，丕只得返回。曹植听到，问杨修。杨修说：“你奉王命而出，谁敢阻挡！”曹植按计而行，斩阻挡之吏，曹操认为曹植有能力。后来，有人告诉曹操说“这是杨修教的”，曹操大怒。杨修又为曹植作答教十多条，只要曹操有问，曹植便依杨修所教来回答。曹操每次以军事、国家之事问曹植，曹植均对答如流。曹操很怀疑。后来曹丕暗暗买通曹植的左右，偷偷把这一情况告诉曹操。曹操大怒说："匹夫怎敢欺我！"此时，已有杀杨修之心。

后来，曹操和马超对阵，曹操进退两难，心中犹豫不决。正好厨师进鸡汤。曹操见碗中有鸡肋，正沉吟的时候，夏侯淳入帐，禀请夜间口号。曹操随口就说："鸡肋！鸡肋！"夏侯淳传令众官，都称"鸡肋"。杨修一听，便教随行军士，各收拾行装，准备归程。有人报知夏侯淳。夏侯淳大惊，就请杨修到帐中问："你为何收拾行装?"杨修说："听今夜号令，便知魏王不久将退兵回归。鸡肋者，食之无肉，弃之可惜。今进不能胜，退恐人笑，在此无益，不如早归——来日魏王必班师回去。故先收拾行装，免得临行慌乱。"夏侯淳说："你真知魏王啊！"然后也收拾行装。于是寨中诸将，无不都准备归回。当夜曹操心乱，睡不着，就手提钢斧，绕寨私行。只见夏侯淳寨内军士，都在准备行装。曹操大惊，急回帐召夏侯淳询问，夏侯淳说："杨修先知大王欲归之意。"曹操唤杨修来问，杨修以鸡肋之意回答。曹操大怒说："你怎么敢造谣言，乱我军心！"喝令刀斧手把杨修推出斩首。杨修死时才 34 岁。

杨修很聪明，说出了曹操心里想听的话，这一点值得赞许。但杨修有一个致命的弱点，他属于小聪明不是大智慧，最后却聪明反被聪明误。他恃才傲物，只想一味夸耀自己的机智，完全不顾及别人的感受和好恶；即使面对的是顶头上司，却还要处处露一手，终于惨遭灭顶的命运。

聊天的时候一定要考虑对方的感受，只是满足自己的口舌之快，丝毫不顾及对方的反应就会让听者产生反感，甚至会给自己带来意想不到的恶果。

一个真正懂得沟通、善于聊天的人，说话并非字字珠玑、句句含金，他们却总能够知晓对方想听什么话、不想听什么话，需要什么话、反感什么话。因此，他们总能够运筹帷幄，在复杂的人际交往中得心应手、游刃有余。

西汉初年，汉高祖刘邦打败项羽，平定天下之后，开始论功行赏。这可是攸关后代子孙的万年基业，群臣们自然当仁不让，彼此争功，吵了一年多还没吵完。

汉高祖刘邦认为萧何功劳最大，就封萧何为侯，封地也最多；但群臣心中却不服，私底下议论纷纷。

封爵受禄的事情好不容易尘埃落定，众臣对席位的高低先后又群起争议，许多人都说："平阳侯曹参身受70次伤，而且率兵攻城略地，屡战屡胜，功劳最多，他应当排第一。"

刘邦在封赏时已经偏袒萧何，委屈了一些功臣，所以在席位上难以再坚持己见，但在他心中，还是想将萧何排在首位。

这时候，关内侯鄂君已揣测出刘邦的心意，于是就顺水推舟，自告奋勇地上前说道："大家的评议都错了！曹参虽然有战功，但都只是一时之功。皇上与楚霸王对抗五年，时常丢掉部队，四处逃避，萧何却常常从关中派兵填补战线上的漏洞。楚、汉在荥阳对抗好几年，军中缺粮，也都是萧何辗转运送粮食到关中，粮饷才不至于匮乏。再说，皇上有好几次避走山东，都是靠萧何保全关中，才能顺利接济皇上的，这些才是万世之功。如今即使少了100个曹参，对汉朝有什么影响？我们汉朝也不必靠他来保全啊！你们又凭什么认为一时之功高过万世之功呢？所以，我主张萧何第一，曹参居次。"

这番话正中刘邦的下怀，刘邦听了，自然高兴无比，连连称好。于是下令萧何排在首位，可以带剑上殿，上朝时也不必急行。

而鄂君因此也被加封为“安平侯”，得到的封地多了将近一倍。他凭着自己察言观色的本领，能言善道，舌绽莲花，享尽了一生的荣华富贵。

这位关内侯鄂君在刘邦打天下的过程中，可以说是位名不见经传的小人物，关键时刻他说出了刘邦想听到的话，刘邦龙颜大悦，为这位“知己”大加封赏。这就是说话的巧妙之处，善于洞察、揣度人心，恰当地说出对方想听的、自己该说的话。如果自作聪明、自以为是，心口乱言就会给自己带来很多麻烦。

倾听是最好的尊重

与人聊天时，有些人从头至尾一直滔滔不绝，说个没完没了，甚至连给对方插话的机会都没有。这样的人，自以为口才很好，实际上并不起到真正的效果，非但没有达到自己的目的，反而令对方生厌。一个有涵养的人，聊天时善于倾听，从对方的言语中捕捉自己所需要的信息。

可以说，倾听是尊重对方的一种礼节表现，如果你有求于对方，用心倾听就是对说话者最好的恭维。能够专心地、耐心地听对方讲话，就等于给对方一个良性的刺激，引发他说话的兴趣，激发他说话的动力，从而让他愿意把心里话都说出来，你办事的目的也就很容易达到了。

黄卿是一家地产中介公司的金牌销售，他样貌一般，口才也不出众，但是顾客却对他十分信赖，他每月的成交量都相当高。说起黄卿成功的秘诀，只有一个，那就是认真倾听，猜测顾客的心意。

黄卿曾经接待过一对五十多岁的夫妇，两位老人是来给他们刚刚参加工作的独生子买房子的，两个人对黄卿说，现如今，男人没房子就不好娶媳妇，所以就算把家里的钱全都拿出来，给孩子去买一套像样的房子，绝不能让孩子受了委屈。黄卿听着老人的倾诉，不时地点头，他带着他们看了好几处房子，面积有大有小，先生看中了一套120平方米三室两厅的房子，但是太太却希望买下那套80平方米的，一个房间给儿子和媳妇住，另一个房间给小孩儿住，足够了。两个人谁也不肯让步。黄卿看这两人马上就要闹僵，就说道："我建议你们买大的，因为将来您二老如果跟着住的话，80平方米的房子就有点小了。"太太听了立刻叹口气："现在的年轻人，谁还愿意跟老人一起住啊！""您这是说哪里话呀，现在的年轻人的确希望能过一段甜蜜的二人世界，但是等将来有了孩子，还不是得您过去照顾？一家人热热闹闹的，才是真正的家嘛！所以，为了以后考虑，我建议您买套大的！"一番话说得太太脸上露出了笑容，夫妻俩又同黄卿说起这么些年来为孩子的付出和担忧，言语之间颇多感慨。黄卿只是静静地听着，时不时地点点头，表示他感同身受。这对夫妻离开的时候，太太说了一句黄卿渴盼良久的话："小黄，我和老伴儿回家准备一下，只要买房，就在你这儿买！"

果不其然，3天之后夫妻俩就来买那套120平方米的房子了。

其实，从头到尾，黄卿都没有说什么房子如何如何好，大多时候他只是在认真地听，并从中掌握到老人家十分疼爱孩子的信息，这么疼爱孩子的父母，一定希望能够和孩子住在一起，所以只要抓住这一点发挥，就能赢得他们的好感和信任，由此，也就能进一步达到卖出房子的目的了。

听觉是人一生中最早拥有的感官，当我们还是母亲腹中的胎儿时，就已经能通过羊水的波纹倾听到外面的一切。现在请你不妨回想一下，当你的同事同你聊天的时候，你可曾脸上显出一副烦躁、冷漠的样子？是不是闷闷不乐、双眼呆滞？是不是表现出一种消极否定的态度？因为不赞同他的说法，所以就显出一副失望、消沉、攻击的表情？如果真是这样，那么轮到你说话时，无论你的发言是否出色，仍然难以在对方中树立善于谈吐的印象。那么，怎样才能成为善于倾听的人呢？

1. 倾听时用语言积极回应

听人说话时不可一味沉默，应有必要的语言反馈，如不时地说“是的”、“明白了”、“继续说吧”、“对”等能够表明你一直在积极地听。在对方谈到关键的问题或语句时，自己有必要再简明扼要地重复一下或解释一下，如“你是说……”、“你的意思是……”等等。这样可以表明你不仅在认真地听，而且还在积极地理解对方的话。尽量避免使用否定别人的回答或评论式的回答。如“不可能”、“我不同意”、“我可不这样想”、“我认为不该这样”等等。

2. 倾听时形体积极配合

首先，倾听时要采取轻松灵活的姿态。不必太紧张或太规矩，但也不能摆出一副优哉游哉的样子。没精打采的样子表明你漠不关心；脸部紧绷说明你心里紧张或不舒服；而抱着双臂、跷起二郎腿半躺在椅子里，脸上又露出颇有自信的表情则表示傲慢了。我们必须做出乐意倾听而且有兴趣与对方交谈的姿态。

其次，在倾听别人说话时要学会充分利用身体反应。可以利用身体的活动来表示对对方的理解，比如用摇头表示你不相信，用手势来表明物体的大小比例。然而，在私人聊天场合大踏步或挥舞手臂等夸张的动作就不合适了。

一位哲人说：“善于倾听的人，别人欢迎，自己长智。”

成功人士往往善于倾听他人的意见。松下幸之助经营的诀窍之一，就是“细心倾听他人的意见”。认真听别人说话、适时地沉默需要敏锐的感觉，需要集中很多精力，但这并不是难于掌握的。只要你在日常的工作中、在与同事的交流沟通中，善于体会琢磨，就一定会成为一个高水平的倾听者。

别吝啬你的赞美之词

通常而言，聊天是在轻松愉快的氛围下进行的，这时不要吝啬你的赞美之词，因为人人都爱赞美，一句恰如其分的赞美不仅能得到对方的欣赏和信任，还能增进人际关系，提高彼此之间的亲密度。当然，赞美也是个技术活儿，赞美别人只有从对方最在意的方面入手，才能取得意想不到的效果。

心理学家在对情绪的研究过程中，曾对赞美的作用如此定义：“赞扬能使瘦弱的躯体变得强壮，能给恐惧的内心以平静和信赖，能让受伤的神经得到休息和力量，能给身处逆境的人以务求成功的决心。”心理学家赫洛克曾做过这样一个实验：

他找来一群测试者，将他们分成4个小组，这4个小组分别完成同样的工作任务，在完成任务的同时，赫洛克给他们不同的刺激。第一组为赞美组，每次工作后，赫洛克都会给他们鼓励和表扬；第二组为批评组，每次工作后，赫洛克都会对存在的问题进行严厉的批评；第三组为被忽视组，每次工作后，赫洛克只是让他们看着其他两组人员接受批评或称赞，但是对他们没有任何评价；最后一组是对照组，这一组与前三组隔离，他们完全不知道实验过程中有什么状况发生。

实验结果显示，赞美组的工作效率最高，然后是批评组，接下来是被忽视组，最后则是对照组。实验结果表明：受到评价的人，工作效率会有所提高，相对于被批评来说，在被赞美的情况下，工作效率能够有最大的提升。

与这个实验类似，还有心理学家们做过这样一个实验：心理学家用一种叫作“测力器”的电子仪器测量受试者的疲劳程度。最后发现，当一名疲劳的受试者在受到赞美和鼓励时，测力器则显示其体力立刻得到了加强；而当受试者受到批评和指责时，他的体力就会急剧下降。

由此可见赞美对于人的正面作用，当一个人被赞美的时候，心理就会有一种被肯定的喜悦，就会产生一种向上的动力。

屠格涅夫是俄国著名的作家。屠格涅夫非常喜欢打猎，有一次，他在打猎时无意间拾到一本杂志，这本杂志的名字叫作《现代人》。出于好奇，屠格涅夫翻了几页，哪知道，这个知名作家被其中一篇题为《童年》的小说所深深打动了。看完这篇小说之后，屠格涅夫发现作者竟是个不知名的人。屠格涅夫非常想向作者表达自己的赞赏，于是，他四处打听作者的住处。最终，他得知作者是跟随其姑妈一起生活的，经过一番询问，屠格涅夫终于找到了作者姑妈家里。当时，那个年轻作者不在家，屠格涅夫就向他的姑妈表明了身份，并由衷表达了自己对于这个年轻人的喜爱。

年轻作者的姑妈没想到自己侄儿的作品居然得到了大作家屠格涅夫的欣赏，她很快写信告知自己的侄儿："你的小说《童年》引起了很大的轰动，大作家屠格涅夫说你写得很好，他逢人就称赞你，还说你前途无量！"

她的侄子收到信之后，也非常兴奋，这是多么令人欣喜的赞赏啊！他写作的时候，并没有想到自己能够有什么样的前途，只是打发内心的苦闷而已。现在不同了，大作家屠格涅夫看重自己，认为自己写下去会有一番作为！这样的赞赏令他迸发出了强大的自信和热情，他的创作冲动一发不可收拾。最终，这个年轻人成为一颗无比耀眼的文坛巨匠，他就是大文豪列夫·托尔斯泰。

每个人都希望别人能肯定自己，都希望得到赞美，所以赞美会给人以力量。我们在社交中，要学会赞美自己的伙伴，赞美自己的下属，帮他们加油打气，这样的话，你周围的人才能更加优秀，你自己也能够在这样的环境下变得更加优秀。

这是一家中餐馆。当时他们几个进去的时候，客人非常多，每一个服务生都面无表情，或者非常不耐烦的为食客们服务。他是一个容易受他人情绪影响的人，一看他们的表情，便有些不舒服，于是，他想到了赞美。

一位女服务生过来上菜的时候，他看着她，很诚恳地说："美女，你的头发太漂亮了。"

她抬起头来，有点惊讶，脸上露出了无法掩饰的微笑："哪里，不如从前了。"

他的一位朋友跟着说："你看，人家中国姑娘就是漂亮！"

那个服务生高兴极了，红着脸轻声说："我是泰国人。"

这时，他的另外一个朋友马上接话："就是，我说还是泰国姑娘看着性感！”

这时，那个女服务员笑出声来了，表情可爱极了。自然，接下来他们的用餐环境也轻松了很多，每一个来为他们服务的女生，都得到了他们毫无掩饰的赞美。当他们离开时，这些微笑着的服务生们走路都有点飘飘欲仙。而且，整个餐馆里的食客们的心情也都轻松了不少。

有谁不想在轻松的环境下生活，并且拥有愉悦的心情呢？不管是工作着，还是休闲的时候。一句真诚的赞美，便能带给对方无穷的快乐和满足。

那么，在聊天中，怎么去赞美他人呢？下面是几点可供借鉴的建议。

1. 挑对方的独到之处进行赞美

有的人因为优秀，或是他所处的地位，常常听到许多的赞美，已经对普通的赞美之辞感到麻木了。这时，如果你想要让他对你的赞美留下深刻印象进而记住你，那么就要尽量使自己的赞美新颖一些，与其他的赞美有所不同，这才能显出你眼光独到、与众不同，从而引起注意和重视。

2. 具体而非笼统地赞美

赞美不一定要用华丽的言辞，相反，朴实却又有具体所指的赞美更能俘获人心。如果可以就对方一个很小却很具体的优点给予适当的赞美，这也许会比你用一些四字成语的溢美之词，更能收到好的效果。

3. 赞美他人要选择适当的时机

你需要留意何时去赞美对方。当对方提及某个话题，或讲述他的一段经历，又或者言谈中提到某个地点等，都有可能成为你赞美的引子。如果对方没有给你这样的机会，你可以自己作一个引子，目的是让你的赞美不要太生硬和过于突然。比如，你可以说：“我常常在想，见到你的时候要跟你说说我长久以来对你的一些看法……”

4. 采用适当的表达方式

赞美的话语不仅在于你说了些什么，也在于你采用什么方法去表达。你的用词、姿势、表情，以及你赞美他人时的认真程度，都十分重要。赞美时，你应该直视对方的眼睛，面带笑容，注意自己的语气，声音要响亮、利落，切忌欲言又止、慢慢吞吞。如果情况允许，你还可以一边赞美，一边握住对方的手或是轻拍对方肩膀，以营造亲密无间的气氛。

5. 赞美要恰如其分、适可而止

赞美的话要得体，要把握分寸，而不是虚情假意地恭维和奉承。你的用词听上去要很自然，千万不要矫揉造作，否则有可能收不到好效果，还会招惹麻烦。赞美也要适可而止，如果赞美过度，就很容易让人对你的赞美产生怀疑。

6. 记住，赞美要真诚

每个人都希望得到他人真心诚意的赞美。在人际交往中，真诚是最重要的尺度。英国研究社会关系的卡斯利博士曾经说过，大多数人在选择朋友时，都是以对方是否真诚来做衡量标准的。如果你不是发自内心地要去赞美他人，那么随意敷衍的一两句话，会让人立刻察觉你的虚伪。那些毫无根据的赞美之辞，也会让人觉得你别有用心，对你产生防范。

找到共同点，用话题突破聊天的“瓶颈”

与不熟悉的人初次聊天时，要想与对方建立起“自己人效应”，就要在与对方谈话时努力寻找共同语言、共同感兴趣的事物、共同的观点与情感等。这样，双方在心理上才能产生共鸣，对方才能对你产生好感与亲近感，这样就自然而然地打破了聊天的“瓶颈”。

一个人的心理状态、精神追求、生活爱好等，或多或少都会在他们的表情、服饰、谈吐、举止等方面有所表现，只要你善于观察，就会发现双方的共同点。

一位退伍军人乘车时同另一个陌生人相遇，位置正好在驾驶员后面。不巧的是，汽车上路后不久就抛锚了，驾驶员车上车下忙了一通还没有修好。陌生人建议驾驶员把油路再检查一遍，驾驶员将信将疑地去查了一遍，果然找到了故障原因。这位退伍军人感到了陌生人的这个绝活可能是从部队学来的，于是试探道：“你在部队呆过吧?”“嗯，待了六七年。”“看来咱俩还算是战友呢。你当兵时部队在哪里?”两个本来陌生的人就此话题谈了起来，后来他们还成了朋友。

这就是在观察对方后，发现都当过兵这个共同点，从而达到了成功交流的目的。当然，通过察言观色发现的东西，还要同自己的兴趣爱好相结合。否则，即使发现了共同点，也还是无话可说。

谈对方感兴趣的话题，用对方工作上的术语与之交流，让对方感觉你们志趣相投，迎合对方的喜好……这些都不是为了讨好，而是促使你与对方之间的聊天更加顺畅而已。

人与人聊天，一开始很难产生共鸣。那么，我们在短时间内怎样才能找到共鸣的话题呢？

1. 留心观察，找到共鸣

任何一个人与其他人之间，都会存在这样或那样的联系或共同之处，要想了解一个人，找到他与自己的共同点，就要善于发现，仔细观察，因为一个人的生活习惯、兴趣爱好以及自身的一些基本状况，在他日常的一举一动、一言一行当中，都会或多或少地表现出来。

如眼神、表情可以让我们窥视一个人的内心：一个经历沧桑的人的眼神可能会有些深邃，而单纯的人的眼神是清澈的；一个懦弱的人不可能拥有坚定的眼神，而一个正直的人，他的眼神里也充满了正气……读懂眼神的“语言”，你就能很轻易地判断对方，找到你们的共同点，进而达到共鸣的效果。

再比如留心观察对方的口音、言辞，就能够了解到对方的籍贯、身份等信息，从而了解到对方的生长环境、兴趣爱好等信息。在此基础上，展开话题，很快就会发现你与对方的共同点，从而引起对方的共鸣了。

这是一种最简单、最直接也是最见效的方式，任何人都可以使用，因为，任何人都会在一些地方与其他人有相同之处，只要你的观察力足够敏锐，你可以很快找到相同点，引起对方的共鸣，拉近彼此的距离，打开话匣子。

2. 从对方谈话中，找到有共鸣的话题

为了发现陌生人同自己有共鸣的地方，可以在对方与别人谈话时留心分析、揣摩，也可以在对方和自己聊天时揣摩对方的话语，从中发现你们之间的共鸣。

在广州的一家商场内，一位南海舰队的战士正在向售货员咨询："请你把那个东西拿给我看看。"他把"我"字用苏北话说了出来。正好，他旁边也有一位苏北人，于是，那个人也用苏北话向售货员咨询。两个人马上心有灵犀地对视了一眼，跟着结了账，一起走出了商场，用苏北话热烈地交流起来。两个人从家乡聊到广州，从眼下说到将来，越谈越近乎，俨然一对好久不见的老朋友。分手时，两个人彼此留下了联系方式，从此成了真正的好朋友。

一句家乡话，让双方找到了共鸣，由此展开话题，最终成了好朋友。这就在于双方善于关注别人的谈话，善于从别人的谈话中寻找话题，才最终成功引起了对方的共鸣，使得聊天顺利进行下去。

3. 步步深入，找到共鸣

心理学研究表明：在人与人交往的过程中，最近的印象比最初的印象更占优势，由于这种心理的影响，就要求我们在与陌生人交流的过程中，不断调整自己的聊天角度，不断挖掘新的共同点，来找到共鸣的话题，赢得对方的好感。

第一印象得之于较短时间的接触，一般来说比较直观，但是，有时候直觉会给人造成错觉。只有言语才能透露一个人的品格、喜好，而只有深入地与陌生人交谈之后，才能发现对方更多的信息，才会发现对方与你之间有很多共鸣的话题。

随着聊天的深入，可能你会发现对方看起来文静但实际却很开朗，或者发现你们在某一方面有共同的爱好。这时候，对方也会调整角度，重新审视你。或许两个人在性情、兴趣、思想等方面发生碰撞后，就会引起双方的共鸣，就会产生"这个人可以交朋友"的念头。

说点自己的小缺点，让人感到更亲切

现代社会，聊天随时随地都在发生，这期间你会遇到形形色色的人。对于你的聊天对象，相信没有人喜欢与那些强势的人坐在一起聊事情，这样的人给人一种不安全、不真实的感觉，会让对方产生敬而远之的念头。

社会心理学家埃利奥特阿伦森发现：人们更容易接纳那些才能出众而又有一些小缺点的人。的确是这样，奥巴马的太太和女儿经常在电视上爆料奥巴马在料理家务常犯小错误，但这并没有影响他的总统形象，反而得到更多美国公民的喜爱；爱因斯坦有一张经典的“鬼脸”照片，这非但没有降低人们对伟大科学家的喜爱，反而从他顽皮的“鬼脸”中捕捉到亲切的一面。

如果你是一位“强人”或“成功人士”，你在与人聊天时，应该表现得更加亲切一点，或者“有缺点”一点。那么，怎样表现自己“白璧微瑕”式的亲切呢？

1. 说点自己曾经做过的糗事、犯过的傻

“金无足赤，人无完人”，每一个人都会犯过一些或大或小的错误，甚至做过各种难以想象的出糗的事儿，当你在与人聊天时顺便穿插一些自己出糗的事儿，通常会拉近你与对方的距离，让聊天的氛围变得更加轻松愉快。不过，在说自己出糗的事儿时，要有所选择，不要影响到你的形象。

一位成功人士参加同学聚会，在场的许多同学均以仰视的姿态夸她精明能干，把事业做得风生水起。这位成功人士敏锐地发现，这些赞美之词虽然好听，但却拉开了他与同学们之间的距离。怎么才能改变这种局面，与昔日的同窗好友们真正融为一体呢？

他稍作思忖，站起身子，大声对恭维他的同学们说：“亲爱的同学们，你们别这样恭维我精明能干了，其实我刚工作时可傻了。记得一次我犯了错误，在那儿狡辩，领导气急了，说我‘这么说我不应该罚你，还应该奖励你？’当时我顺杆就爬上去了‘我本来想请两天假，您也别奖我了，能不能带薪啊？’当时把老板气得都乐了，最后挥挥手把我赶了出去。”

成功人士话音刚落，就传来哄堂大笑的声音，有同学甚至戏谑他笨到家了。这位成功人士通过爆“糗事儿”，成功遮掩了“成功人士”的光芒，同学们待他也就亲近起来。

2. 表现出自己的各种犹豫和为难

人们常常看到成功的荣耀，看不到成功背后的为难和犹豫，有时候，不妨把这种为难表露出来，或许会得到人们的理解和喜爱。“其实我当时也挺犹豫的，继续吧，遇到了‘瓶颈’，改变思路吧，也许形势会更糟糕，当时也是左右为难，恨不得把头发都拔光。幸好妈妈打电话过来支持我说：‘犯什么愁，最坏回家跟妈妈种菜，妈妈养你。’后来才撑过来，其实这一路不知有多少风雨，我也很难的。”这种诉苦式的话，也能迅速拉近人与人之间的距离，让人产生亲切感。

3. 表现出生活中的各种烦恼

与人聊天的过程中，除了聊一些正式的话题外，期间适当添加一些自己在生活中遇到的“小烦恼”，这种小辅料看似不起眼，实际上会在对方内心里产生很大作用，对方会认为你把他当成值得信赖的人。从你口中说出的这些“小烦恼”，把你降低成“邻家伙伴”角色，两人间的距离感和生疏感自然也就消失了。

得体的恭维让你旗开得胜

当我们通过聊天的方式，求人办事时，恭维的场面话起着至关重要的作用。虽然场面话难逃虚伪之嫌，有时候又不得不说，只要你说得好听精彩，就能让你旗开得胜。

同赞美一样，人人爱听恭维话，你对人说恭维话时，倘若做到恰如其分，人家必定非常高兴，从而对你产生好感。傲慢的人最爱听恭维话，他们最喜欢接受别人的恭维。有些人义正词严，声明自己就不爱听恭维话，反倒是最喜欢接受批评，其实这只不过是他的门面话罢了。这个时候，如果你信以为真，毫不客气地直言批评，他心里一定非常不快，也许尽管在表面上没什么表示，但内心却已不悦到了极点，这个时候，就不要指望人家还会对你增加好感了。

恭维的语言对人际沟通、维系良好的关系都会产生重要的作用。善说恭维话，让别人听着舒服的同时也不会降低自己的身份。

“汉初三杰”之一的韩信，年轻时却受过“胯下之辱”。后来，韩信追随汉高祖刘邦打天下，屡建奇功，因此有人这样说：“倘若汉高祖没有韩信，则其统一天下的霸业根本无法完成。”也正是这个原因，后来汉高祖对韩信日益强大的力量畏惧了，于是故意寻找借口，以企图谋反的罪名，准备把韩信捕而杀之。

此时此刻，韩信并没有为自己辩护，只是说：“果真像人家预料的那样：‘狡兔死，走狗烹；飞鸟尽，良弓藏；敌国破，谋臣亡。’我韩信今天也只有被烹、被杀的份了！”

刘邦听后，也认为韩信是开国第一功臣，不应该随便杀了，于是将他由王贬为侯，暂且搁置，以观后效。

韩信受此打击后，内心愤懑，整日郁郁寡欢。这时候，久未谋面的刘邦和韩信终于有机会得以面谈。韩信原本就善于恭维，于是忙不失时机，适时适事地把刘邦恭维了一番，结果为自己争取到了刘邦的信任。

二人从评论将士开始谈起，但他们见解不同。刘邦问韩信：“你觉得我有统率几万大军的能力呢？”

韩信答：“我看陛下最多只能统率十万左右的大军吧！”

刘邦又问：“你呢？”

韩信一笑：“我当然是多多益善了！”

刘邦也笑着问：“那你又怎么会被我所用呢？”

这时，韩信开始巧妙地恭维了：“原因很简单，陛下虽没有‘将兵’之才，却具有‘将将’之才。而我之所以能被陛下所用，道理也正是在此。况且陛下的那种本能是与生俱来的，普通人当然无法具有。”

韩信如此地恭维，其运用之巧妙堪称一绝。当时刘邦被恭维得得意至极。至于他到底如何作答，史书未作记载，不过从后来韩信的复出就可以想象得到了。

每个人在生活或工作中都可以恭维别人，能做到恰如其分是需要技巧的。说恭维话一定要考虑到对方的职业以及兴趣爱好，这是应该特别注意的要诀。能做到这一点，你与他人良好的沟通就会具有坚实的基础。

最后要注意的是，恭维话也不能盲目夸大，而应该拿捏有度。令人感到反感的恭维话，不仅会无形中拉开彼此的距离，更有防范他人侵犯的意味。如果毫不收敛、反复滥用或过度恭维，就会让人立即意识到你有所图而令人小心防范，所以恭维话一定要尽量真实又真诚，一旦让人感到肉麻，让人看出你是一言不由衷，则必然会收到相反的效果。

多说关心话，才能打动人

关心的话就像冬天的阳光，照在人的身上，能带来温暖。可见，说一些关心的话在人际交往中非常重要。比如，当别人心情低落时，你在与他聊的过程中，说一些关心的话，可以平复对方的心情，可以缩短对方的痛苦时间。

“魔术之王”塞斯顿，他先后周游世界共40年，一再创造出各种幻象，令观众如痴如醉、惊奇不已，受到数千万人的欢迎，获得了巨大的成功。

他说不是他的魔术知识高人一筹，他认为关于魔术的书已经有几百种，而且有几十个人知道的魔术同他一样多。但他却有其他人所没有的独到的优点：他在舞台上能够展现自己的个性，有打动观众的独特风格。他是一位表演天才，了解人类的天性，他的每个手势、每种声调、每一次提起眼眉，都是提前演习好了的，而他的每一个动作也都配合得天衣无缝。更为重要的是，塞斯顿真心关心观众的感受，能够为观众付出所有的热情。

有些技艺高超的魔术师认为观众是一群笨蛋，能够被自己骗得团团转。但塞斯顿却完全不那样认为，他每次上台时，都会对自己说："感谢这些人看我的表演，是他们使我过上了舒适的生活。我一定要尽力为他们演出最好的节目。"塞斯顿就是这样一位用关心赢得观众喜爱的艺术家。

有人说："要想自己成为幸福的人，就应当对别人关怀备至、体贴入微、赤诚相见。"著名心理学家阿德勒在《生活的意义》一书中说："对别人漠不关心的人，他的一生困难最多，对别人的损害也最大。所有人类的失败，都是由这些人造成的。"实际上，如果你能够真心实意地关心别人，那么你的生活将顺利很多，别人对你的帮助也将使你大为受益。

有一次，德国著名的霍夫曼将军举行宴会，许多客人受邀而来。

当宴会进行到一半的时候，一个服务员上前给霍夫曼将军倒酒，却因为在无意中与将军对视了一眼，一时紧张，将酒都洒在了将军的头上。

将军是光头，洒到上面的酒流下来，弄得脖子上、衣服上到处都是，看上去非常狼狈。在场的所有人都不禁为这个服务员捏了把冷汗，屏住呼吸，等待着霍夫曼将军的训斥。

出乎意料的是，霍夫曼将军神色轻松地拿出手帕擦了擦脑袋，微笑着对服务员说："小伙子，我这脑袋已经秃了20年了，也曾试过你的这个方法，谢谢你，可我还是得告诉你，根本不管用！头发长不出来。别紧张，请重新给我倒一杯，不过这一次可别为了我的头发而努力了。"

霍夫曼将军用幽默的方式说出对士兵关心的话，气氛骤然缓解，所有的人都大笑了起来，那位士兵的表情中少了一分害怕，多了几分敬意。

在生活中，大多数人往往苦叹不知如何消除与陌生人的隔阂，进而使双方熟悉，开始交往。每个人都想博得他人的关心与认可，但却忽略了对别人的关心与认可，结果也没人关心自己。因为，人与人之间的关系是相互的，你敬我一尺，我就敬你一丈，你不关心别人，别人也不会关心你。

假如你在聊天中只想让别人注意自己，让别人对你感兴趣的话，你就永远也不会有真挚而诚恳的朋友。如果你在聊天中试着用心去关心别人，那么即便是陌生人也会成为朋友，即使你现在什么都没有，也会因为你的努力而变得非常富有。

美琳·凯公司是美国乃至全世界都比较有名的化妆品公司，距今约有50年的历史。如今，美琳·凯公司的规模发展得更加庞大，它拥有的员工人数多达20余万，年销售利润非常可观。

一般来说，一个企业的寿命不会超过半个世纪。然而，美林·凯公司走过风风雨雨的这么多年后，仍然稳稳屹立在竞争激烈的商界中，不能不让人惊叹它长盛不衰的生命力。随着公司的日益闻名，总裁美琳·凯得到了“化妆品皇后”的美称。

美琳·凯之所以能够获得成功，有很多方面的原因，关心员工的成长便是原因之一。

有一位推销员虽然擅长言谈，但因经验不足而在两次大型展销会上都没有卖出商品，感到很不自在。在第三次展销会上，她仅卖出了几十美元的东西，同样让她感到难堪。尽管这样，美琳·凯仍然表扬了她：“很好，比前两次强多了！”听了上司诚恳的夸奖后，这位推销员感到异常欣慰。后来，她经过不断努力最终成为一名推销能手。

要使别人喜欢你或者培养真正的友情，得到别人的帮助，生活更加愉快，那么就请从改变自身开始：真诚地关心别人，爱护别人。

所以，在与人聊天时，要说一些关心对方的话，让对方感觉到你的真诚与友爱。当然，说关心的话时，不要牵强与做作，应当根据当时的实际情况进行。例如，已深秋时节，你的聊天对象还穿着单薄的衣衫，这个时候你说上一句“现在一天比一天的冷，身体是我们的本钱，以后外出要多穿点衣服。”对方听到后，心里热乎乎的。再如，聊天时你发现对方有感冒生病的迹象，你不妨说上一句，“回去时，别忘了去药店买些感冒冲剂，提前预防，别因感冒影响正常工作。”这样的话，对方肯定乐意听，并且对你心存感激。

说认同的话，对方才会帮助你

聊天除了聊一些生活中的琐事，有时你可以通过聊天的方式，寻求他人的帮助。当然，要获得他人的帮助，首先要获得他人的认同。

战国时，水工郑国受韩国派遣，到秦国探听情报，不料被秦国逮捕，准备处置。行刑前，郑国要求参见秦王嬴政。他身戴重镣，被带到秦廷。秦王嬴政喝问：“奸细郑国，你承认有罪吗？”郑国说：“是的，我的确是韩国派来的奸细。我建议您兴修水利，确实是为了消耗秦国的民力，延缓韩国被吞并的时间。然而兴修水利，难道不是对秦国万分有利吗?”秦王嬴政想了想,觉得此言确实有理,郑国又说:“现在,关中水利工程即将竣工,何不让我将它完成,以造福万民呢?”秦王嬴政沉吟半晌,终于同意了他的要求。在郑国主持下,一项伟大的水利工程郑国渠终于完成了。

秦王嬴政的残暴是闻名于世的,想在他的刀口下活命都不容易,更何况想得到他的支持?但由于郑国抓准了他的心理,取得了嬴政的认同,终于打动了他的心,不仅保住了性命,还得以完成了自己心目中的伟大工程。

唐宣宗时,宰相令狐陶经多方考察认为四川的李远是个作风正派、精通经史、治国有术的人才,应当委以重任。一天,他趁宣宗登楼远眺之时,向宣宗推荐李远任杭州刺史。

不料宣宗却不采纳,说:“此人终日饮酒下棋,不务正业,如果把杭州交到这样一个人手里,岂不是负了朝廷,误了百姓!”令狐陶说道:“陛下,这句话从何说起?”宣宗说:“他不是在一首诗中说‘青山不厌千杯酒,长日惟消一局棋’吗?这样玩世不恭的态度,怎么能够治理好杭州呢?”

令狐陶说道:“陛下言之有理,一个终日喝酒下棋的人,是不堪委以重任的。”见皇帝脸上露出满意的神色,令狐陶又说:“不过李远只是写诗罢了,只是想借此表示自己的高雅,其实他并不是这样一个人。”皇帝说:“你说得不对,古人早就说过‘诗言志’,他既然能写出这样的诗来,就必然有这样的行为!”

令狐陶急忙说:“陛下,李太白可是有名的诗仙,当年他有一首诗说:‘太白与我语,为我开天关。愿乘暖风去,直出浮云间。’若非神仙,何得如此?”宣宗笑道:“哪会呢,只不过是写诗罢了。”令狐陶立即接口说:“陛下英明,李远也只不过写诗而已。”

宣宗这才恍然大悟："好吧，就让他到杭州去试试吧。"

在这里，首先令狐陶直言进谏，宣宗不许，随后令狐陶假装称赞，赢取皇上的欢心。话锋一转，讲实际情况，宣宗随即批驳。令狐陶找到了缘由，通过吟诗引出争论，抓住宣宗的自相矛盾的观点，得到了宣宗认同，自己也就达到了举荐李远的目的。

那么，你在与人聊天时，希望得到对方的帮助，怎么能够取得对方的认同呢？

1. 态度一定要真诚

求人帮忙，无论对方是朋友还是不太熟悉的人，真诚的态度永远是必要的，态度代表着你对他人的尊重，也代表着对他人能力的肯定，如果求人帮忙还像个大爷似的颐指气使，肯定会招来对方的反感，这种态度，不叫请人帮忙，应该叫使唤人。这样太过随意的态度可能会让人很不舒服，被求助者心里可能会想："没错，我们是朋友，应该帮助你，但是我希望在我出力帮助你的时候，也能得到你的尊重。"

2. 给人快乐的感觉

能博得他人的欢心，获得他人的认同，是求人帮助时必不可少的。要想做到这一点，必备的一条就是要有一种令人愉悦的态度，脸上带着笑容，行动轻松活泼。无论你内心中是否对别人有好意，但如果对方从你的脸上看不到一点快乐，那么谁也不会对你产生好感。

3. 抓住对方的情感弱点

求人帮助时，你要学会针对别人感情的弱点，与别人产生共鸣，只有这样，你的求助才能达到预期的结果。其实一件事情，能做的人是很多的，但智商水平很高的人往往却做不了，原因在于他们过于相信自己的智力，而忽略了对方的感情。

4. 提升自我价值

必须注意自我修养，善于自我克制；做事必须诚恳认真，建立起良好的名誉；世上没有完人，随时设法纠正自己的缺点；行动要忠实可靠，做到言出必有信，与人交易时必须诚实无欺，这是获得他人认同的最重要条件。

第四章
除嘴巴外，巧用其他“语言”为聊天增彩

研究表明，人与人之间的沟通方式有三种：语言、声音和肢体语言。在与人聊天的过程中，表情达意的手段除了说出来的有声语言外，还有肢体语言、表情神态等无声的表达方式。无声的语言是有声语言的一种辅助表达手段，在说话中起着很重要的作用。

丰富的表情，为聊天增添吸引力

在日常生活中，经常会发现，有些人聊天时，只要一开口，对方就静下来听，而另一些人说话时，听众仍然各干各的，甚至打断他的话。这种情况之所以出现，当然有许多复杂的原因，但其中有一个重要原因，那就是有的人懂得使用表情来吸引对方，而有的人却不懂得。试想一下，如果一个人在说话时只是嘴在动，而身体的其他部位是绝对静止的，他会对听者有吸引力吗？

其实，从你出现到你开口说话的这段时间里，你都在说话，只是没有用口，而是你的表情。你的眼、手、脚等的一举一动都能体现出一种表情，而这种表情可使人准备听你说话，也可以使人不想听你说话，甚至使人对你产生一种厌恶感。

因此，一个会聊天的人在开口之前，必须调动身体的各个部位，向对方传达他的敬意与好感，暗示出他将要说的话的基调和重要性。即使是在聊天过程中，突然站起来，或者是座位向对方移近一些，或者突然做一个不寻常的姿态，只要自然、得体，对他的说话的效果也大有帮助。那么，到底如何才能让自己的表情更加丰富，表达更加有吸引力呢？以下几点值得借鉴和参考。

1. 了解各种情绪的表达方式

面部表情的变化是内心情绪的晴雨表。要想让自己有丰富的面部表情，在表达的时候绘声绘色，那么就要有必要了解各种情绪的表达方式。比如有人受了伤害，感觉很痛苦，他会眉头紧缩，嘴角下拉，或者是痛哭流涕，还有可能是目光呆滞，沉默不说话等等。这些不同表情的变化都表明对方非常地痛苦。所以了解了这些基本的表达情绪的表情之后，在你有这种情绪需要表达的时候，就会采取多种方式。这样一来，你的面部表情就会丰富多彩，在辅助语言完成表达情感和传递信息的时候，就会绘声绘色，将别人的注意力牢牢抓住。所以，了解别人的情绪表达方式，就是学习和掌握用不同的表情来表达不同的情绪。人有很强的模仿力，模仿也是学习最直接的方式。要想有丰富的面部表情，不妨先从了解别人的各种不同情绪表达方式开始。

2. 观察出现各种表情的条件

外部条件往往制约和影响各种情绪，所以，有必要观察和了解出现各种表情的外部条件。比如对方非常开心，眉开眼笑，那么就要观察为什么以眉开眼笑的方式表达快乐？为什么不以别的方式来表达？比如开怀大笑，或者是谈笑风生等等。当你观察了解了对方眉开眼笑的各种条件之后，你就会明白，什么程度的快乐需要眉开眼笑，什么程度的快乐需要开怀大笑。当你明白了这些之后，就会根据快乐的不同，采用不同的方式来表达，而不是只顾一个劲傻笑。这样一来，别人就会根据你不同的表情来感受你不同的情感变化。当别人被你丰富多彩的表达方式深深吸引住的时候，就是你成功应用面部表情传达信息的时候。

3. 练习拿捏各种表情的表达

要想让自己的表情变化丰富多彩，光靠观察和了解是远远不够的，关键是要练习和掌握。所以，平时要多练习用各种不同的表情来表达不同程度的情绪，让自己的表情变化得到恰到好处的表现机会。比如，表达幸福，有时候只需要一个满足的眼神，有时候还需要一个甜甜的微笑，有时候还要有所憧憬。对各种表情出现的程度一定要拿捏准确，否则会给别人传递错误的信息。所以，要多练习各种表情的表达和拿捏，让自己的情绪表达恰到好处。

肢体语言妙不可言

研究表明，人与人之间的沟通方式有三种：语言、声音和肢体语言。其中语言表达占 7%，声音占 38%，而肢体语言在三种方式中所占比例最大，为 55%。肢体语言又叫身体语言，是由人的四肢运动引起的，包括目光与面部表情、身体运动和姿势、身体间的空间距离等。肢体语言在沟通中具有举足轻重的作用，可以传递许多信息，用幽默戏剧大师萨米·莫尔修的话来说，就是："身体是灵魂的手套，肢体语言是心灵的话语。"

每个人每天都会做成千上万个肢体动作，其中不乏与人交流的肢体动作，如拥抱、握手、鞠躬等。能正确使用肢体语言的人被认为是文明的、有涵养的，而肢体语言使用错误，则给人无礼、粗俗的感觉，甚至会冒犯对方。因此，在与人聊天时正确掌握肢体语言十分重要，能使自己与人的聊天更加顺畅，甚至会达到事半功倍的效果。

1. 面部

面部表情中，除了被称为“心灵之窗”的眼睛外，其他部位的语言功能也不能忽视。

（1）眉毛。眉毛能表达丰富的情感，如眉毛舒展是愉快的表现；紧锁眉头表示疑惑、询问或烦恼；眉毛竖起表明正在生气；惊讶时眉尖会向上耸起等。

（2）嘴巴。生动多变的感情也会通过嘴巴表现出来。如嘟嘴是不开心或不满的表现；撇嘴的动作有轻蔑的意思；太过惊讶时，嘴巴可能会张成O型。因此，在聊天时要尽量少嘟嘴和撇嘴，以防流露出不屑的意味。当然，最佳的表情自然是嘴角上扬的微笑。

特别提醒：虽然微笑是向他人表示友好和礼貌的直接表情，可也千万别忽略了眉毛和嘴巴的作用，因为一个不经意的小动作就可能让你的真实情绪泄露出来。虽然加强表情管理可以让你避免掉入这些表情陷阱，可最好的做法还是多多激发正面情绪，让对方感受到你发自内心的真诚和愉悦。

2. 头部

你也许都有这样的经验：当你在与他人聊天时，倘若对方低着头，或左顾右盼，或摇头晃脑，你就会怀疑对方是否真的对当下的话题感兴趣。因此，与他人聊天时切忌低头，因为这不但会让对方以为你对聊天感到厌倦，还可能会让对方误以为你很不愉快。而当头部中立时，是对对方谈论的事既不甚喜欢，也不讨厌。

假如想让对方知道你对这个话题很感兴趣，不妨微微歪着头与其说话，会令对方谈兴更浓。当然，这一动作在与异性相处时要慎用，因为它也是有好感的表示。

3. 握手

握手是人们在见面或道别时常用的肢体语言，它是一种礼貌性动作。对象不同，握手的方式也不同。

（1）与同性握手。若是同龄人或晚辈，只要伸出右手，与对方紧紧一握即可；若是长辈，则要与其双手相握，表示对对方的尊重和热情。

（2）与异性握手。与男士握手时，女性只要大方伸出右手，让对方轻轻握住四个手指即可，千万不要有扭捏、无措、面红耳赤的表现。

4. 其他常用动作

人际交往中常用的肢体动作还有轻抚、鞠躬、点头等。

（1）轻抚是一种表示关心和安慰的方式，通常是长辈对晚辈的行为，一般是轻拍对方的肩膀或手臂。

（2）鞠躬是对别人表示恭敬的一种礼节。在一般社交场合，晚辈对长辈、下级对上级等都可行鞠躬礼，女性行鞠躬礼时，双手下垂搭放在腹前，上身前倾弯腰，弯腰的幅度可根据施礼对象和场合而定，一般60°为宜。一个能将鞠躬礼使用得当的女性，会以她的礼貌和教养赢得他人的尊重。尤其对从事金融、销售、服务等行业的女性来说，面带微笑的鞠躬是表明对顾客的尊重和诚意的第一步。

（3）点头是表示问候的常用方式，其使用场合和场景都十分广泛。如在公司与同事打招呼时，可微笑点头；在正式场合遇见认识的人，若不方便打招呼，点头示意也是不错的方式。

适当的手势，为聊天锦上添花

李军和汪峰都是某大学化工系大三的学生。他们对古汉语非常感兴趣，所以经常抽时间去听课。教古代汉语的是一位50岁出头的教授，非常喜欢其他院系的学生前来听课，并且在课间经常辅导他们。奇怪的是，李军和古汉语教授聊得非常好，汪峰和他聊一次之后，就再也没有获得这样的机会。这到底是怎么回事呢？原来与他们在同古汉语教授聊天时的手势有关。

每次古汉语教授和李军聊天时，李军总是在表达自己观点的时候，很恭敬，在发表不同意见的时候，总是伸开胳膊，伸开双手，显得非常开放。所以尽管在一些问题上，有不同的看法，但是古汉语老师依然很欣赏他。但是汪峰就不同了，总是把胳膊交叉，抱在胸前，给人以拒人千里的感觉。难怪古汉语老师不喜欢他。尽管汪峰对古汉语学很有见地，但是错误的肢体语言让别人不喜欢他，从而拒绝与他交流。

在人与人交往当中，适当的手势能辅助语言的表达，甚至比语言表达得更准确，因为人的语言或许会有假，但是身体不会说谎。所以，在人际交往中，身体语言能传达真实的内心情感。尤其是手势，能准确地反映人物内心的真实变化。因此，你在聊天时，一定要多注意手势的表达，避免错误的手势传达错误的信息。那么，在聊天时如何适当地应用手势来传达信息呢？

1. 手势的使用要合乎惯例

在使用手势的时候，一定要注意，你所使用的手势是大家都认可和知晓的，这样，你使用手势才能准确地传达你想要传达的意思。否则，你使用的手势别人看不懂，不但不能将你所表达的意思传递给对方，还可能会因此而引起误会，引来不必要的麻烦。比如介绍的手势、指示方向的手势、请的手势、鼓掌的手势等，都有其约定俗成的动作和要求，不能自己想当然地乱加使用。一般情况下，当看到自己不了解的手势时，大多数人都会保持沉默，以待观察，或者是从对方的口头语中获得相应的信息。

2. 手势的使用要适度

有的人在与人聊天的时候，两只手总是安静地待着，动也不动，这给别人一种不舒服的感觉。事实上，人在聊天时，对方会观察你的身体语言，除了眼神外，还会观察你的手。所以，在社交的时候，要适当地使用手势语。当然，也不能滥用、乱用。不管做什么都要有个度，如果过度了，就会给别人带来压力，同样，使用手语也是一样的，比如说，握手表示欢迎，可是有的人一见面就跟你握，而且握住还不放手。试想一个人一天之内跟你见三次，还要给你握三次手，而且每次握住都不放，谁能受得了。

3. 手势的使用要避免“雷”区

手势语的使用也有很多的忌讳。如果不了解，就会给别人带来不好的印象，给人际交往蒙上阴影。例如，介绍某人或为他人指路的时候，要使用手掌，四指并拢，而且还需要掌心向上，这样会给别人一种受尊重的感觉。当然不能用手指对别人指指点点。生活中很多人总是在不经意间用食指指人，这是非常不礼貌的做法。在与人聊天中，手势的幅度不宜过大，更不要手舞足蹈。一般情况下，手势上界不应该超过对方的视线，下界不低于自己的胸区，左右摆的范围不要太宽，应在人的胸前或右方进行。与对方第一次见面，聊天的时候，避免抓头发、玩饰物、掏鼻孔、剔牙齿、抬腕看表、高兴时拉袖子等粗鲁的手势动作。总之，在使用手势语的时候，要多了解禁忌，避免因为自己的不了解而让人产生误会。

舒服的着装，让聊天更顺畅

小敏人长得非常漂亮，但是在衣着打扮上却很随意。她总是觉得没有必要为了世俗的审美观而浪费自己的时间。

一次，为了贴补家用，小敏决定开一家出售化妆品的小店。但是开这样一家小店需要2万块钱的资金。她没有足够的钱，于是小敏决定向银行贷款。这天，小敏上身穿一件旧T恤衫，下身穿一条洗得发白的牛仔裤，来到了银行。

当她把自己想要贷款的要求提出来之后，一位经理接见了她。等她陈述完之后，经理认真地从头到脚看了她一遍，二话没说，拒绝了她的要求。小敏沮丧地回到家，她男朋友说："银行是一个投资机构，不是救济所，在这里，T恤衫和牛仔裤是没有说服力的。"

随后，在男朋友的陪同下，他们购买了正装，还写了可行性报告，另附有预估的损益表及一大沓文件附页，连同自家的房产证，都装在一只精美的塑料卷宗夹里。这次，他们没费口舌就得到了贷款。

心理学家研究发现，第一印象7秒钟可以保持7年，一旦形成，就很难改变，由此可见，形象对一个人来说多么的重要。事实上，很多时候，人都是通过外表来获得第一手的感官印象。一个人究竟是好人还是坏人，基本上都是从相貌看起的。一般情况下，人对感觉好的人，愿意多接触，对感觉不好的人，不愿意多接触。所以，千万别忽略自己的形象，它会给你带来人缘、机遇和财富。所以，在社交的时候一定要多注意自己的形象。那么，我们在与人聊天前，具体的操作中到底该怎么做呢？

1. 穿着搭配要和谐

“和谐就是美”，一个人的长相是没办法选择的，但是一个人的气质是可以塑造的。其中，气质的塑造除了一个人本身的学识修养和气场外，还要靠服装来装饰。在穿着打扮的时候，搭配一定要和谐。衣服和裤子搭配要和谐，鞋子和服装搭配要和谐。红衣服搭配个紫色的裤子自然不怎么好看，西服搭配运动裤也没有美感。所以搭配不但款式要讲究要和谐，颜色也要讲究和谐。除此之外，男人还需要注意衬衣和领带以及和西服之间颜色和款式的和谐。女人要注意身材和款式之间的和谐，身材胖者，多穿宽松一些的款式，身材瘦者，可以穿紧身一些的款式，总之，不管怎么穿，要总体看起来和谐。因为和谐能给人一种美的感觉。这种感觉往往会让对方觉得你的人脉是否广，人际关系是否和谐。

2. 要注意个人卫生

个人卫生对一个人的形象的影响也非常重要。很难想象，一个蓬头垢面的人能带来好的人脉关系。相反，大多数人都不喜欢和肮脏、邋遢的人说话和交往。因此，一定要多注意个人卫生。平日的衣服要一周洗两次，贴身的衣物要保证每天清洗。当然，每天要保持洗澡的好习惯。鞋子出门前一定要记得打油，如果是运动鞋，或者是布鞋，一定要洗干净。头发和脖子要勤洗，尤其是一些平时不注意的死角，要清洗干净。耳朵也要经常清洗，最好是每次洗脸的时候，清洗一遍。指甲要勤剪，指甲缝里要保持干净，不能藏污纳垢。同时手也要清洗干净。在人际交往中，良好的个人卫生往往能给人一种耳目一新的感觉。

3. 随同环境而改变

和谐的打扮除了服装的选择要与自己相符之外，还要与具体的环境和谐。也就是说，穿着打扮要与具体的环境相适应。比如在运动会上，就需要穿运动服，至少应该是相对宽松的服装，有利于运动，如果穿西服或者是裙子就会与周围的环境格格不入。当然在婚礼上，或者是重要的宴会上，就需要穿相对正式一些的服装，如果穿个短裤出现，不但是对主人的不尊重，还会因此成为大家的笑料。所以，穿服装的时候一定要根据不同的环境穿不同的衣服。当然还包括根据温度的改变而改变着装。如果天气很冷了，还穿短袖，或者是天气很热了，还穿棉衣，就与周围的环境不相符合。

坐相和站相，反映涵养和修养

佛家说："万象皆由心生，心有所想，身有所动。"一个大度、从容的人，必是站、坐有态，落落大方的，"坐有坐相，站有站相"是对一个人行为的基本要求。尤其是与他人聊天中，一个站姿或坐姿不雅观的人，往往会让人望而却步。可以这么说，一个人的站相和坐相能反映出一个人的涵养和修养。一个人站有站相，坐有坐相，最起码是对对方的尊重，试想一个连尊重别人都不懂的人，怎么可能有涵养、有修养呢？在人际交往当中，一定要注意了，要坐就要规规矩矩地坐着，要站就要老老实实地站着。那么，在与人聊天时，怎样做才算是“坐有坐相，站有站相”呢？

1. 站姿

良好的站姿不仅要保持优雅的体态，更需要随时保持身体的挺直。良好的站姿，可以让身体各个关节的受力比较平均，让某些特定的关节承担大部分的重量。而且当你抬头挺胸时，胸口会变得开阔，呼吸也会更顺畅，身体能够得到足够的氧气，精神、注意力都会比较容易集中。

站立时，应双目平视，身体与地面垂直，重心放在两前脚掌上，上半身保持笔直，挺胸收腹，下巴内收，双肩水平，两臂自然下垂或在体前交叉。下半身自然挺拔，脚跟并拢，脚尖张开约45°或成小“丁”字形，无论从哪个方向看，都具有美感。站着与人聊天时，一定要面向对方，且保持一定距离，通常社交场合的安全距离是1.2m以上，太近或太远都不礼貌。而且还要带上淡然的微笑，更添庄重和亲切。

站立是人体最基本、最重要的姿态，是人的重要身体语言之一。站姿不雅十分有损交际形象，例如，双手交叉抱在胸前会让人觉得傲慢，不可亲近；倚门靠墙、靠柱，会显得慵懒、散漫；撅臀屈腿、双手叉腰，是无理的表现；双腿交叉更是轻浮之举等。要避免给人拘谨和缺乏自信之感，还要注意不要做诸如摆弄衣角、眼神飘移、低眉俯首的小动作。

2. 落座

优美的坐姿具有端庄、稳重、得体、大方的美感，传递着友好、自信、亲切的信息。生活中，我们时常会看到双腿大开、伸得很长、跷二郎腿、抖腿等不雅坐姿，这样的坐姿会给人轻浮、缺乏修养的印象，尤其是女性，会令美丽大打折扣。

正确的坐姿应该是腰背挺直，双肩放松，胸部挺起，坐满椅子2/3的位置，双膝并拢，双手放在膝盖或椅子扶手上。身后有倚靠时，背部轻挨椅背，但不要完全放松呈后仰之态，否则会显得懒散。在身后无倚靠时，上身笔直而稍前倾，双手自然放在腿上，双脚自然着地。与人聊天时，则可将上身和腿稍微转向一侧，仍要上身挺直、双膝靠拢、脚跟紧靠。

在正式社交场合，应在站立时，保证后腿能碰到椅子，轻柔和缓地坐下，然后把左右脚并齐，保持上身端正，上身和大腿之间、大腿和小腿之间，均是90°。就座后，不要再有其他不雅小动作，要呈“正襟危坐”之态。特别是对穿裙子的女性，双腿并拢尤为重要，如果裙长在膝盖以上，则注意要将手放在两腿中间的位置，压住裙子，防止走光。对于女性而言，无论是膝盖分开的“外八字”，还是膝盖并拢的“内八字”，都是不雅的坐姿。

如想双腿交叠而坐，两腿仍需是并拢的，可侧向一边或使悬空的脚尖朝向地面，切忌脚尖朝上或上下抖动。

有些入座礼仪也要注意：

（1）与客人一起入座时，要分清主次尊卑，请对方先入座。

（2）在他人面前就座时，要侧身走进座椅，右腿稍后退，以小腿确定座椅的位子，然后面对对方顺势坐下。

（3）如果去参加排定座位的会议，要让迎宾人员将自己引导到座位上去，不要随便找凳子坐下，或者在座位间走来走去。

（4）入座时一定要从座椅的左侧靠近，动作协调地自然坐下，尤其在公众场合，左侧落座是一种基本礼貌。

（5）落座后要主动与周围的人打招呼，即使不认识的人，也要点头致意。

（6）在公众场合，如果要坐在别人旁边，要先询问，得到允许后才可以坐下。

3. 离座

与人聊天前落座时要从容自若，离座时也不能掉以轻心、大大咧咧，破坏了前后举止间的和谐和美感。

（1）离座时要起身缓慢、动作轻缓，切忌动作过大，弄响桌椅，影响他人又造成尴尬。

（2）若旁边有人，一定要先用语言或动作向对方示意后，再缓缓站起。

（3）既然“左进”是门，那也要遵循“左出”原则。

（4）要注意起身的先后顺序，地位高于对方时可先离座；地位低于对方时，要等对方起立后方可站起；地位对等时，则没有这些顾忌，同时离座即可。

走姿对了，聊天的质量也随之提高了

很多时候，与人聊天发生在边走边聊中。走有很大学问，稍不留神，对方就会通过你的走姿，对你印象大打折扣，直接影响聊天的质量。

我们知道行走是生活中每天都要进行的主要活动。一个人的精神面貌、气质韵味，在行走中都有重要体现。尤其是对于女性，就算没有出众的外表，倘若能在行走时彰显优雅韵致、自信风度，也必定能引起他人的注意，博得对方的好感。

正确的走姿是具有动态美的。古人用“行如风”来形容走路时自然轻快的样子，要走得好看，就要走得正确，既要优雅，又要有节奏感。人的正确走姿应该是：身体直立，目光平视前方，挺胸收腹，双肩放松持平，双臂在身体两侧自然前后摆动，脚尖向前，重心放在脚尖上，同时双腿有节奏地交替向前迈进，走出一条大致等宽的直线来。

这里需要强调：走路过程中的摆臂动作很重要。手臂的摆动会带动整个上身的动作，使脚步平稳。当一侧的脚迈出时，上身会随着另一侧手臂的摆动而自然向前。整个过程看起来自然流畅，优雅大方。而现实中，有些人走路“臀动身不动”，导致上半身看起来太过僵硬，下半身则太过虚浮。

1. 不雅的走姿及其影响

一个人要想拥有轻盈优雅的步伐，就必须避免一些不雅走姿，例如，走路时重心不稳、前俯后仰、左摇右摆、弯腰驼背、内八字或外八字等。此外，一些小细节也会破坏走姿的整体美感，例如，背手、环胸、插兜、鞋子拖地等。

要展现从容不迫、矫健轻快的气质美，还要求走路时的节奏要快慢适当，步伐适中，否则就会破坏全身摆动的协调和节奏感。节奏太快会显得个性急躁，太慢则会给人颓然、消极的感觉；而对于步伐，太小会显得扭捏、不大方，太大则缺乏女性的含蓄美，因此，最好是一只脚或一只半脚长的距离。此外，走路时，膝盖和脚踝要富有弹性，肩部轻松、自然摆动，体现出飘逸、轻便的阴柔之美。而错误的走姿，不但会使美感丧失，还会导致各种腿部问题。

（1）外八字走路会使膝盖向外，不但缺乏女性美，时间久了，甚至会形成X型腿，而内八字则会导致O型腿。

（2）踢着走路的人，身体会前倾，腰部很少用力，走路时只有脚尖踢到地面，然后膝盖弯曲，脚跟上提，极不美观。

（3）踮脚尖走路，由于脚尖过于用力，而牵动膝盖太用力于腿肚上，最后会导致腿肚肌肉过大，形成萝卜腿。

（4）压脚走路的人，双脚着地时间较长，累积下来，他们会把身体重量长时间压在脚尖上，时间久了，会使小腿肚的肌肉日益发达，最后形成萝卜腿。

2. 行走时应注意的问题

要避免不佳的腿形同时拥有优美典雅的行走之态，在保持正确走姿的同时，还要注意如下问题：

（1）正确的走姿应该是双臂前后自然摆动，手臂与身体的夹角一般在10°~15°，既美观又不失活泼，切忌左右摇摆。

（2）步态要随服装的不同而改变。女性穿礼服、窄裙或旗袍时，要保持收腹挺胸，小步幅行走。倘若裙子过长，为避免踩到裙摆，可用一只手轻轻提起，快步走，以身体稍微前倾为佳。若穿裤装，步伐则可以放大些，这样显得矫捷生动，但最大也不可超过脚长的1.6倍。

（3）穿不同的鞋子走姿也是不一样的。女性穿平底鞋时，是脚跟先着地，脚掌紧跟着落地，而穿高跟鞋，若同样以脚跟先着地，便会使脚尖跷起，让人看到鞋底，这是很不雅的。因此，穿高跟鞋的正确走路姿势是：稍微扳平脚底，使脚跟向上微抬，让脚尖先着地，并且缩小步幅，要走出如芭蕾舞者般轻盈、优雅的感觉。

（4）平底鞋走路虽然是脚跟先着地，但要让重心随着移动的脚过渡到前面去，不要让重心停留在脚后跟。

（5）走路时肩膀放松、自然下垂，且是向左右下垂，而非向前，尤其是当我们紧张的时候，更要注意克服不自觉耸肩的毛病。

（6）优雅的走姿要求昂首挺胸，收腹夹臀，而在把头向上伸的时候，千万不要翘起下巴仰起脸，要保持视线水平向前；在挺胸的时候，要从腰部开始，连同脊梁骨到颈骨，尽量向上伸，这样将有利于形成平坦的小腹。

（7）上阶梯时，吸气走一阶，吐气走一阶，可使呼吸和步律一致，上行也会比较轻松；下阶梯时，要注意看着脚走，使脚尖先落，款款而下，雅致又动人；倘若是走泥泞道路，要避免溅泥点带来的狼狈，可放小步幅，用脚尖施力，慢慢行走。

正确的走姿是一个人内部修养和韵味的体现，同时也展现了自信的风采。没有人会对一个看上去萎靡不振的人心存交往的热情，人们对于积极美好的事物都有本能的倾向性。

下意识的小动作，泄露出内心的真实动机

小刘是某广告公司的销售员，一次，他去拜访一个公司的总经理。在办公室里，对方热情地接待了他，随后二人开始了交谈。

在聊天中，小刘的双腿总是不停地抖动，让总经理感觉极不舒

服，总经理的注意力全部集中到了小刘抖动的双腿上，根本没有听到他说的话，等他说完了，总经理一脸的茫然。总经理抱歉地笑了笑说："你能再说一遍吗？我刚才没有听清楚。"

于是，小刘又开始谈了一遍。这次总经理将注意力集中起来，听小刘说。小刘说话的时候，总是带口头禅"然后"，说一句话一个"然后"，说两句话一个"然后"，总经理的注意力又被"然后"所吸引。等他阐述完第二遍的时候，总经理依然没有弄明白他在说什么。

最后，总经理委婉地告诉他："你的产品我了解了，回头我联系你吧。"从那之后，小刘再也没有见过这位总经理，自然合作的事情也就不可能了。

在与人聊天中，很多时候，一些不经意间的小动作往往会毁了我们的形象，这些平时觉得无所谓，但是在关键时候就会成为致命的"杀手"。因此，千万不可小看这些不起眼的小动作。在平时的工作和学习中，要尽量避免各种不良的生活习惯，如果发现，要尽早地改正，以免影响你的人脉和正常的人际交往。形象往往对于一个人来说非常重要，要尽量改正下意识的小动作。那么在生活中，改正这些不良小动作，有什么方法和技巧呢？

1. 适当的学习社交礼仪

到底怎样说话是对的？怎样说话是错的？怎样坐立能赢得别人的好感？怎样坐立会拒人于千里之外？这些具体的标准和行为准则，除了从父母的言传身教中学到一部分外，还需要通过另外的途径来获得。如果有些家长本身就有很多的毛病，无形之中就会影响孩子。所以，要想根本杜绝这些不良的小习惯，有必要对社交礼仪进行一个系统的学习。通过系统的学习，年轻人才会发现自身的问题，从而改正这些问题。适当的学习社交礼仪，是改正不良小动作的好办法。要想让自己的形象永远保持良好，不妨学习一下社交礼仪。

2. 不间断地请人帮助检测

正所谓“当局者迷，旁观者清”，一般人都很难发现自身存在的问题。再加上平日里，谁也不会为了一个小动作而较劲，这样，就给那些下意识的小动作酝酿了生存的空间。但是，在关键时候就会坏事。要想纠正自身的问题，不妨请一个身边的朋友或者是家人给你指出来。当然这时候要明白，别人挑你的毛病是为了帮助你。当你的那些下意识的小动作被挑出来，一一改正了之后，在说话做事的时候就不会因此而损毁自己的形象。当然，在改正老毛病的同时，不能养成新的毛病，否则更正自身的小动作就会失去价值和意义。

3. 要养成良好的生活习惯

俗话说“习惯成自然”，平日里不注意自己的言行，觉得说一句不合适的话，或者是做一件不合适的事情也没有什么，大不了以后不做就是了。可是当你每次有这样的心理，时间久了，就会形成习惯。有些时候这些不好的习惯会在不经意间蹦出来，或者是因为条件反射，随口说出来了。所以，要想让这些下意识的小动作不沾在自己身上，那么就要养成良好的生活习惯，不要寻找借口，而要坚决杜绝。比如说脏话，有的人觉得说一次没什么，说两次没什么，可是渐渐发现，自己改变不了随口说脏话的毛病了。试想，当你在关键时候，冷不丁冒出一句脏话来，别人会怎么看你？你的形象能不受损吗？所以，要养成良好的生活习惯，不要给自己找借口去培养不良的小动作。

眼睛能帮你说话

眼睛是会说话的，它是心灵的窗口，忧郁的眼神能引起人们的怜爱之心；快乐的眼神会将愉快传递；有精神的眼神会表现你无限的生机，让别人觉得如沐春风……

特别是与陌生人聊天时，眼神的表现是至关重要的。如果眼神漂移不定，对方就会在潜意识里认为你为人不够诚恳或不够稳重。特别是身处陌生环境时，女子特别要注意到这样的问题。无论身处的环境令你多么的惊奇，也要避免因为好奇而左盼右顾。《红楼梦》中刘姥姥逛大观园的形象如果在此时出现，纯朴的气息是不会出现的，反而会让陌生人觉得你鬼头鬼脑，甚至认为你心术不正。想一想，一个美女被冠上这样的称号，实在是有失颜面。女子有一双漂亮且包着诚恳与友善的眼睛，会让她在社交场上展示出别人不可比及的独特魅力。以参加面试为例，在短短的几分钟里，诚恳且友善的眼神肯定会让面试的考官给你打上一个很高的分数。

某知名公司的面试官在候选的两个人中做了最后的抉择，他毫不犹豫地选择了那个看起来样子很平凡的女子，而旁边美丽的女子简直不敢相信这一切。她非常不服气地问其原因。面试官笑了笑，回答说：“女士，首先我应该说，你真的很漂亮，非常智敏，学历也很高，可是这些对我们公司所需要的人才并不是最重要的。我只能说你表现得并不好。在面试的时候，语言不多，在陈述自己的工作经历的时候，虽然伴有身体语言，但是很抱歉，它们并没有为你加分。特别是你刚刚进来与各位面试官握手的时候，只用指尖轻轻一握，我们这里的任何一个人都没有和你有过眼神交流，我们无法判断出你的诚恳之意。而那个很平凡的姑娘却大不相同。除去和你差不多的学历及能力之外，在和她握手的瞬间，她诚恳且友善的眼神已经告诉我们，她十分想加入这个大集体，想在这个岗位上发光发热，而我们选择相信她。”

眼神是最富有感染力的表情语言。在与人聊天的过程中，眼睛就像是语言的最得力的助手，可以表达万千变化的思想感情。除了流露情感之外，眼睛凝视时间的长短、眼睑睁开的大小、瞳孔放大的程度以及眼睛的其他一些变化，都能传递最微妙的信息。就以上面的面试场景为例，要想做到从容且诚恳，眼神是不可忽略的一门功课。首先，要注视考官，目光要自然、柔和、亲切、真诚。但是，要注意“注视”并不是死盯着对方的眼睛，否则适得其反，会让对方反而觉得极不自在。值得注意的是切不可东张西望或是双眼望天，这样做不仅显得很失礼而且也会让别人觉得你缺乏教养。其次，要控制自己的眨眼次数，一般情况下，每分钟眨眼 6 ~ 8 次为正常。如果眨得频繁会让别人误解你在说谎，或是认为你对对方不感兴趣，甚至厌恶。从而给社交活动带来不必要的麻烦。最后，在聊天的过程中眼神要做适当的交流。嘴在忙着，不要忽略了眼神，若双方目光相遇、相对视，不应慌忙移开，应当顺其自然地对视 1 ~3 秒钟，然后才缓缓移开，这样的人显得心地坦荡，容易取得对方的信任；一遇到对方的目光就躲闪的人，容易引起对方的猜疑，或被认为是胆怯的表现。

所以，眼神在聊天中具有很大的作用，在运用眼神传情达意时要注意以下几点：

1. 注意眼神表达的时间

心理学研究表明：与人聊天时，其视线接触对方面部的时间占整个谈话时间的30% ~60% 。超过这一平均值者，可认为对谈话者本人比谈话内容更感兴趣；低于这一平均值，则表示对谈话内容和谈话者本人不怎么感兴趣。如果长时间地凝视，可理解为对对方私人空间的侵略；如果几乎不看对方，那表明他满不在乎，傲慢无礼，或是企图掩饰什么。

2. 注意眼神表达的区域

与他人聊天中，要适时、适度地注意对方。注意的位置要视与对方的人际关系而定。如果是亲人，比如父母、兄妹、恋人等，可采取亲密注视。如果是一般社交场合中的人，比如领导、朋友、谈判对象等，则用社交注视，即视线停留在双眼与嘴部之间的三角形区域。

3. 注意眼神表达的方式

首先，看视线的方向：视线向上表示敬畏、尊敬、天真等；视线向下表示爱护、爱怜与容忍等；视线平行是基于理性与冷静思考或评价的心理状态。其次，由视线而形成不同的视角：正视表示庄重、斜视表示蔑视、仰视表示思索、俯视表示忧伤。再次，视线的长短与软硬：长而硬的视线表示关注或不满，即直视；短而硬的视线表示执着或憎恨，即盯视；长而软的视线表示等待或探询，即虚视；短而软的视线表示爱怜或担心，即探视；视线全收表示悲伤、思念，即闭目。

4. 注意眼神表示的态度

目光运用要主动自然，不能消极游移；要亲切实在，不能故弄玄虚；要画龙点睛，不要闪烁不定；要恰到好处，不能迟滞、呆板或眨个不停。这样才能营造一种和谐友好的表达氛围，使交际走向成功。

聊天的过程中，别忘了面带微笑

微笑是人类与生俱来的本能，可惜这个宝贵资源常常被我们忽略。很多人常常不能把微笑挂在嘴边的理由是："现在压力那么大，哪里还有心思去微笑"，"上司派给我的任务让人愁死了"。那么，让我们看看蒙娜丽莎吧，她之所以能够流芳百世，正是因为她那迷人的微笑。可见，一个人最动人的谈吐，首先是永恒的微笑。难以想象板着的脸、怒气十足的脸、凶悍的脸会是美丽的脸。

舒宁要去参加一个面试，十点钟，她准时来到了公司。走进大门，她看到墙上贴着一则醒目的标语：微笑是打动客户最美妙的语言。舒宁知道，很多企业都非常注重公司职员的服务态度，看来这家公司也是同样注重。开始面试了，舒宁有点紧张，她刚刚毕业，没有什么经验，在这里也没有认识的熟人，不知道等待她的将是怎样的考验。

踏入办公室前，她想起了姐姐对她说过的一句话："微笑能让女孩子的美貌增色三分。记住，只要你随时面带微笑，你就是一个漂亮的讨人喜欢的女孩子。"于是她做了几次深呼吸，慢慢扬起嘴角，两颊顿时挂上了她平时最亲切、最迷人的招牌笑容。

走进办公室，舒宁发现主考官的表情非常严肃，板着脸打量着她。她告诉自己，所谓"伸手不打笑脸人"，只要我始终保持微笑，相信他不会为难我。对于主考官的每一项提问和要求，她都尽量回答得仔细全面，而且从头到尾保持着淡然从容的甜美微笑。面试结束时，主考官终于露出了笑容："恭喜你被录取了！在回答问题的过程中，你一直在微笑，这正是我们公司在面对客户时最重视的一点！"

微笑，可以缩短人与人之间的距离，即使空间离得再远，只要一个友好的微笑，彼此心灵的距离也会拉得很近。

在与人聊天中，如果你始终板着脸，不露一丝笑容，尽管有时是无意的，但很可能你已经凭空为自己的交际设置了障碍，别人的误会也会接踵而至。相反，如果你始终保持微笑地和别人聊天，那么，即使是陌生人，有可能会一下子成为莫逆之交；即使有小摩擦，有可能会一下子冰释前嫌。

一般情况下，我们对亲朋好友说话时，都能把微笑挂在脸上，然而，我们对陌生人却往往很吝啬，脸上总是冷若冰霜。这时候，我们为什么不愿微笑一下呢？我们为什么对陌生人这么吝啬自己的微笑呢？

一位心理学家曾这样解释说："'不要和陌生人说话'已经成了目前许多人社交的准则之一。'害人之心不可有，防人之心不可无'的心理，已经沉淀为人们的一种集体无意识，赋予人一种本能的警觉。因此，面对陌生人的微笑，人们首先不会想到是友好的信号，而是暗自琢磨：他为什么会无缘无故地朝我笑，他是不是有什么企图？"

正是这种心理作祟，陌生人之间难以跨越那一道"鸿沟"。不要紧绷着面孔，不要瞪大你警惕与狐疑的眼睛，微笑一下。在陌生的环境里微笑，这是和陌生人之间的友谊之桥，也是一把开启陌生人心灵的钥匙。

在陌生的环境中聊天时，如果能先微笑一下，这是一种心理的放松，是一种放下戒备的坦然。陌生人，本来就只是擦肩而过的人生过客，何必苦苦地在这些路人甲面前戴着面具呢？你也板着脸，我也板着脸，他也板着脸，所有的人都板着脸，正因为如此，才构成了陌生的人际关系，阻碍了彼此之间的沟通和交流。而微笑就像一缕融化坚冰的阳光，让你在面对陌生人时，内心不再疲惫和紧张，变得轻松和愉快。从此，陌生的环境里不再是陌生与冷漠，而是和谐与温暖。

现代社会中，由于生活节奏快、生活压力大、竞争激烈、个人遭遇不如意等等原因，人们脸上的笑容越来越少。很多人不知道微笑除了是人类最美丽的语言，它还是保证人心健康的良药。有神经内科专家曾指出：微笑能增强肺的呼吸功能，清洁呼吸道、抒发健康的情感、消除神经紧张、使肌肉放松、散发多余精力、驱散愁闷、减轻社会束缚感、克服羞怯情绪、能乐观对待现实等。

别看微笑只是一个极其简单的表情，它其实是一个十分复杂的过程。一个微笑可以让你脸部 43 块肌肉同时运动，让大脑释放出内啡肽，从而整个人都感到身心愉悦，精神倍增。

微笑不仅有利于社交，还有利于你的身心健康，你为什么不微笑呢？那么，你在与人聊天的过程中保持微笑呢？

1. 检验你的微笑是否合格

对着镜子，亮出你最美的笑容，然后，用手把嘴巴遮住，看镜中自己的眼睛。如果不能从你的眼睛中看出微笑，那么，你的笑容就是不合格的，是没有魅力的笑容。如果从你的眼睛中都能感受到笑容，那才是魅力无限的笑容。

2. 怎样练习笑容

富有魅力的微笑，是可以通过练习来获得的。日本销售之神原一平就是通过不断地练习自己的微笑才获得成功的。怎样练习呢？很简单！第一步，放松面部肌肉，然后嘴角微微向上翘起，让你的嘴唇呈现出最自然的弧形，露出6到8颗牙齿；第二步，闭上眼睛，尽量去想象一些美好的事物，尽量去想让你开心幸福的事情，让你的微笑源自心底。

按照这两个步骤，反复地练习，直到你的笑容看起来自然和谐，不再僵硬，你就成功了。

日本的《上班族》杂志曾提出了一个练习微笑的方法也很不错：咬住一根筷子，露出上排牙齿，用双手按住两颊的肌肉，调整嘴角上扬的角度，直到你认为最满意为止。然后，把筷子拿走，这时呈现在你脸上的微笑就是最有魅力的微笑。

第五章
一开口，你就与众不同

日常生活中，我们经常发现，有些人一开口，别人就静下来听，而另一些人讲话时，听众仍各干各的，甚至打断他的话。这种情况之所以出现，当然有许多复杂的原因，但其中有一个重要原因，就是懂得如何用自己的话抓住对方的心。

会聊天，抓住关键点

在与他人聊天或是磋商中，有时难免会遇到困境或不容易回答和应对的问题。这个时候，就要抓住关键点，根据问题巧妙应对遇到的难题。

俄国十月革命以后，农民得到了解放，成千上万的农民来到莫斯科。由于他们对沙皇仇恨很深，坚决要求烧掉沙皇住过的宫殿。有人把这件事向列宁汇报了。列宁指示干部们对农民进行说服教育。第一次劝告，农民们不听；第二次、第三次仍然劝不服。最后列宁决定亲自和农民们谈话。

列宁对农民们说："烧房子可以。在烧房子以前，让我讲几句话，行不行？"

农民们说："请列宁同志讲。"

列宁问道："沙皇的宫殿是谁用血汗造的？"

农民们说："是我们自己造的。"

列宁又问："我们自己造的房子，不让沙皇住，让我们农民代表住，好不好？"

农民们说："好！"

列宁再问："那要不要烧掉呀？"

农民们觉得列宁讲的道理很对，就不再坚持要烧掉沙皇住过的宫殿了。

农民们因为恨沙皇，所以连带也痛恨跟沙皇有关的一切事物，尤其是曾代表了沙皇权力和地位的宫殿。这并非难理解，毕竟沙皇给他们带来那么多的苦难，可是这种恨的盲目性也显而易见，宫殿本身并无过错，而且还是用农民们的血汗盖起来的，之所以农民会坚持烧掉宫殿无非是为了宣泄。但是，愤怒而盲目的农民们却忘了一点，这座宫殿是农民们血汗的结晶，是人民共同的财富。然而负责劝说的干部们都不能理解其中原因，自然无法也不能劝到点子上，所以三番五次也劝不下来。可是，到列宁这里却变得非常简单，几句话就将农民们的怒火平息下来，并放弃了烧掉宫殿的想法。这里的原因就在于列宁抓住了问题的关键点，并剖析出来，问题自然也就迎刃而解了。

北大教授辜鸿铭很重视维护儒家学说的传统价值，1893年他在协助湖广总督张之洞筹备铸币厂时，有一天铸币厂的外国专家联合请辜鸿铭吃饭，大家对辜很尊重，推他坐首席。宴会上，有一个外国人问辜鸿铭："你能否给我们讲讲贵国孔子之道有何好处？"辜鸿铭立即说道："刚才大家推我坐首席，这就是行孔子之道。如果今天大家都像你们西方所提倡的竞争，大家抢坐首席，以优胜劣汰为主，我看这顿饭大家都吃不成了，这就是孔学的好处！"

美国前总统林肯曾说：在一场官司的辩论过程中，如果第七点议题是关键所在，我宁愿让对方在前六点占上风，而我在最后的第七点获胜，这一点正是我经常打赢官司的主要原因。这里让我们看一下林肯是怎样用他的办法打赢一场著名官司的。在那个官司审判的最后一天，对方律师整整花了两个小时来总结此案。林肯本来可以针对他所提出的论点加以驳斥，但他并未那样做，而是将论点集中到了关键点上，总共花了不到一分钟的时间。最后，林肯赢得了那场官司。

某单位要精减人员，从两个司机减到一个，但这两个司机开车水平都不错。于是让他们进行一个简单的竞聘演说，第一个司机说了一堆，怎样开好车等。第二个司机就说了两句话："我过去是这样做的，今后还这样做。这就是听得说不得，吃得喝不得，开得使不得。"第二个司机说得中心突出，语言简洁形象、清楚明白，结果被单位聘用了。

上面的例子说明，只要找准关键点，就能够取得胜利或说服对方。因此，在聊天时，一定要抓住关键点，不要漫无目的地去说。只有抓住了关键点，说话才能有力度，这样不仅能够巧妙地解决问题，还能够赢得对方的尊重。

言简意赅，别人才会喜欢你

聊天通常是在一些非正式的场所下进行的，虽然具有随机性和宽泛性，但一定要有度，表达内心想法时，同样需要做到"言之有效"，这样的话才能赢得对方的好感与信任。"言之有效"的表达需要使用"言简意赅"的语言。言语简练通达，才能赢得别人的好感，才能在社交中成就自己的精彩。

三国时期，有个叫钟繇的人有两个儿子，一个叫钟毓，一个叫钟会。有一次，钟繇带着两个儿子去见魏文帝，也就是曹丕。当时，钟毓汗流满面，曹丕就问他：“你为什么会出这么多汗？”钟毓：“战战惶惶，汗出如浆。”而钟会在一旁没有出汗，曹丕就转过头来问他：“你怎么没出汗呢？”钟会低头沉思了一会儿回答说：“战战栗栗，汗不敢出。”兄弟两个言简意赅的说话方式，使得魏文帝非常高兴，兄弟俩也因此得到了魏文帝的青睐。

事实的确如此，大多数人对于那些过于累赘的辞藻是没有好感的，相反，他们更乐于接受简洁明了和实事求是的语言，即喜欢言简意赅、稍有或没有废话的语言。钟氏兄弟正是掌握了这一原则，才能在曹丕面前精彩地表现自我，赢得曹丕的青睐。

在古代如此，在现代更是如此。特别是在与他人交际的过程中，若想言之有效，更应当言简意赅，一语博得他人的好感。言简意赅之所以有这样的魔力，是因为它们是实而不浮的。或许它们缺乏文采，但它们精辟；或许它们缺少篇幅，但它们能将主旨表达得淋漓尽致。

老子说：“信言不美，美言不信。”常常说一些华而不实的语言，大量运用形容词、描绘性词语，大量地堆砌辞藻，过度地夸饰等，轻者会给人有卖弄、浮夸的感觉，重者则会让人觉得虚伪、不真诚。真诚是人与人之间交往的基础，一旦让人感到你缺乏诚意，那么你所说的话就很难让人信服，很难让人接受。如此一来，生活又何谈精彩呢？

与其让自己的话语重复、啰唆、累赘，不如用平实的语言言简意赅地表达自己的观点。这样反倒会给他人留下实在、不虚伪、不矫揉造作的良好印象，进而让人生多一抹亮丽的色彩。那么，在与他人聊天过程中，如何做到言简意赅，具有简洁性呢？

1. 要能够围绕中心说话

聊天时，一定要知道聊天的目的。或是为了告诉对方发生了什么事，怎样发生的；或是要做什么事，为什么要做和怎么做；或是要向听众讲述一个什么道理，因为事物和道理是复杂的，所以，就有许多话要讲。但许多话并不能乱讲，要紧紧围绕中心讲，这样才能突出主题，才能使表达简洁不繁。

因此，在开口说话之前，要先确定讲这番话的中心，然后围绕着中心说下去。在说的过程中，与中心无关的话，绝不提及。如果你没有把握，可以事先想出说话要点，按照要点逐层讲述。这样一来，话说得不一定多，但意思会表达得很充分。

正如清人郑板桥介绍为文经验时说的："除繁就简三秋树。"是的，深秋时节，繁花密叶早已落去，仅剩有树干和树枝，这树干和树枝虽"简"，但又不失树的形象，可谓突出了根本。

2. 学会用概括的语言讲话

在日常工作中，经常会看到，有的人在讲话时，所说的话往往是一语中的，高度概括，切中要害。

高度概括性的语言来自于高度的概括能力。因此，你要学会用概括的语言讲话，就得经常性地、自觉地训练自己的概括能力。

你可以通过两种方法来训练自己的概括能力。一是概括书本知识；一是概括生活事实。

概括书本知识，就是把自己阅读过的一篇文章或一段文字，用自己的语言把主要内容概括出来，可以写在书页旁，也可以写在读书笔记上。有人读书的时候，经常进行这种概括。这种训练做多了，你对书本理论知识的概括能力就会渐渐增强。在进行概括时，其中很重要一点，就是要用自己的话概括，唯有用自己习惯的思维语言进行概括，才能把他人的东西纳入自己的思想，从而逐步培养、形成自己的思想体系。也唯有用自己所习惯的思维语言进行概括，在讲话时才能信手拈来，为己所用。

概括生活事实，就是对自己所碰到的、所了解的生活中发生的事，思考其意义，穿透其表象，把握其本质。事实上，每个人都常常在不自觉地做这一工作。对于生活中发生的事，每个人都会常常在头脑中思考，并对它进行评价，但这种思考、评价往往是零碎的，不全面、不深刻的。如果能从概括能力的培养出发，来自觉地进行训练，如写短文评价，记笔记阐述，那么，稍待时日，你对生活事实的概括、把握能力就会增强。

表达准确，才能减少聊天过程中的麻烦

聊天时准确地表达你的观点和想法，就等于是在展现你的思维能力、办事水平和人格魅力。能够通过你的行为来了解你的为人和能力的人非常有限，当你需要别人的帮助的时候，很重要的一条途径就是通过你讲的话去让别人相信你，并愿意支持你。

表达准确，是说话的基本条件，也是把话说好的关键。所谓说话就是表情达意，最实用的一点就是要把话说清楚、说准确。因为只有准确传递出想要表达的意思才能说到对方心里去，才能把话说到点子上。

要想做到不被人误解、把话说好就要注意以下几个方面。

1. 不要随意省略主语

从现代语法来看，在一些特殊的语境中，主语是可以省略的。但这必须是在聊天双方都明白的基础上。特别是在一些人比较多的情况下，随意省略主语，就很容易造成误解。

一个星期天的上午，在一家商场，一个男青年正在急急忙忙挑选帽子，售货员拿了一顶给他。他试了试说：“大，大。”

售货员一连给他换了四五种型号的帽子，他都嚷着：“大，大。”

售货员仔细一看，生气了：“分明是小，你为什么还说大？”

这个青年委屈地说：“头，我说的是头大。”

旁边的顾客“扑哧”一声笑了，售货员狠狠地瞪了他一眼。

其实造成这种狼狈局面的原因就是这位年轻人想当然地省略了他陈述的主语“头”。

2. 尽量减少使用同音词

同音词就是语音相同而意义不同的词。在口语表达中脱离了字形，所以同音词用得不当，就很容易产生误解。如“期终考试”就容易误解为“期中考试”，所以不如把“期终”改为“期末”，就不会造成误解。

3. 少用文言词和方言词

在与人聊天中，除非有特殊需要，一般不要用文言词语。文言词的过多使用，会给人一种迂腐之感，有时甚至还会造成一定的尴尬或是误解。

4. 要发音准确，吐字清楚

读错字或发音不准，不仅会影响交际甚至还会闹出笑话；吐字不清，含含糊糊，不仅会让对方感到吃力，也会降低其接受信息的信心。

5. 说话要语速适中

聊天时，说话的目的在于使人领悟自己的意思，如果别人听不清、听不懂，那就是在浪费彼此的时间。因此讲话的语速一定要适中，说一句，就要让人听懂一句，不必反复地问。要知道，陌生人或地位比你低的人是不好一再请你重说的。然而，听不清楚又会极大地影响交际。

说话的快慢可以通过练习来调适，如果你说话的速度太快，下列几种方法可以使你减慢，反之亦然：

（1）从 1 数到 10，第一次 5 秒数完，第二次 10 秒数完，第三次 20 秒数完。

（2）经常练习高声朗诵报纸上的文章，先用铅笔将你认为要连贯的字词做上记号，朗读时，同时移动铅笔，引导你的声音。要是你觉得自己平常说话的速度太慢，就加快一些；要是自己平常说话的速度太快，就放慢些。

（3）用录音设备录音，然后倒回重放，检查自己的速度是否流畅，是否跳跃停顿。

（4）录下一些新闻报道，试着模仿播音员进行播音练习。

6. 说话时注意要有适当的停顿

书面语借助标点把句子断开，以便使内容更加具体、准确。在口语中我们借助最多的就是停顿以及重音，有效地运用停顿、重音可以使你的话明白、动听，减少不必要的麻烦。

有些人说起话来就像是开机关枪，一句话根本就听不出其中的任何变化，听着就让人紧张。

有一次下班途中，一位青年遇到一群刚看完电视球赛转播的学生，就问："这场比赛谁赢了？"

有一个学生兴奋地说："中国队大败日本队获得冠军。"

这位青年迷惑了：到底是中国队打败了日本队，还是日本队打败中国队获得了冠军呢？他又问了另一位学生，才知道是中国队胜了。

所以，在与人交谈时，一定要注意语句的停顿和重音的变化，使人能够清楚、明白地听懂你说的话。只有这样，才能有效地与他人进行聊天，使自己在聊天过程中做到轻松应对、有条不紊。

正话反说，能收到意想不到的效果

有时，在聊天的过程中，运用一些语言技巧，可以增添聊天的氛围，让聊天变得更加融洽，"正话反说"就是其中之一。所谓正话反说，就是说出来的话，真正想表达的意思与字面意思完全相反。如，字面上肯定的意思，而真正要表达的意思却是否定的；字面上是否定的意思，那么真正的意思就是肯定的。

在一个综艺节目上，电视台邀请俄罗斯著名的芭蕾舞团为观众表演《天鹅湖》。表演结束后，主持人把话筒交给观众，让观众们抒发自己的赞美。观众们大都称赞她们的表演"太美了""太精彩了""太高超了"，然而，其中一位观众却"语出惊人"，他说："我想建议你们每天跳出一个不太完美的动作。"此话一出，全场哗然，连主持人都感到错愕。然而，这个观众从容不迫地接着说："因为太十全十美的事物，会遭到上帝的嫉妒。"话音刚落，全场都为这个观众的妙语连连鼓掌。

这个观众的本意是赞美芭蕾舞演员们的精湛舞技，却用反面的话表达出来，先用否定的意思引起人们的惊愕，再用肯定的话语揭示自己真正的意思。听起来，不仅幽默风趣余味不绝，而且给大家留下了深刻的印象。

有一则宣传戒烟的公益广告，完全没提到吸烟害处，还列举了吸烟的四大“好处”。

第一，节省布料：因为吸烟易患肺痨，导致驼背，身体萎缩，所以做衣服就不用那么多布料了；第二，预防盗贼：抽烟的人常患气管炎，通宵咳嗽不止，贼以为主人未睡，便不敢行窃；第三，驱赶蚊子：浓烈的烟雾熏得蚊子受不了，只得远远地避开；第四，永葆青春：不等年老就去世了。

每个人都知道吸烟有害健康，但是如果直接罗列吸烟的害处，可能烟民们早已麻木了，不会有任何的警示效果。而这则警示语反其道而为之，出人意料地列举了吸烟的四大“好处”，这种提法让烟民们在心理上有了认同感，但实际上却说的是吸烟的害处，也让人从中悟出吸烟有害健康的道理。

有些时候，批评的话语不便直说，如果能够运用“正话反说”，含蓄地表达出批评的意思，则能够令对方更加容易接受。

晏子的语言智慧可以说是流芳千古的。有一次，齐景公的一匹爱马突然病死，他迁怒于养马人，下令将养马人推出去斩首。

在场的晏子听说后，他略一思索，便跪到齐景公面前数落起养马人的“罪状”来：“大王，您想处死养马人，应该先让他知道，犯了什么罪才行呀！现在让我来列举他的三条罪状，请您听一听。”

齐景公点头同意，晏子便对着养马人高声说道：“你为君王养马，却把马养死了，这是第一条罪状；死掉的这匹马，又是君王最喜爱的，所以又增加了一条罪状；因为马的死，君王要处死你，这消息如果让老百姓知道了，他们就会怨恨君王，让邻国知道了，他们就会看不起齐国，让君王背上一个重马不重人的恶名，这不是你的第三条罪状吗？你犯下如此三条大罪，就应该处以死罪。”

齐景公听完这些话，觉得晏子是处处冲着自己来的，遂有所醒悟地说：“把养马人放了吧！别损害了我的仁爱名声。”

晏子的话表面上处处顺着景公的心意，口口声声数落马夫的罪状，而实际上却是字字句句讽刺齐景公，从反面申述齐景公的错误，点出杀掉马夫的危害是“积怨于百姓，示愚于诸邻”。这种蕴涵大义的弦外之音，齐景公毕竟还能听得出来，只好释放了马夫。

有很多批评或者劝告的话都是利用正话反说，来制造“笑果”，同时达到目的的。

例如，妻子在批评丈夫不刷牙时却说：“如果你不刷牙，天长日久，牙齿就会泛出金黄色的金属色泽。如果恰巧又沾上几片碧绿的菜叶，眼神不好的小姑娘就会羡慕地对你说：‘大哥呀，您太有实力了，满口的大金牙我见过，但像您这样又镶了绿宝石的我还是头一回见到啊！’”丈夫听了，肯定会满面羞惭，从此再也不敢不刷牙了。

又如，有人在批评某市的交通环境时说：“乘坐本市的公交车可以提高人的心肺功能。交通高峰期，能挤上公交车的人肯定有‘60 岁的年龄，30 岁的心脏’的骄傲感觉。尤其值得一提的是，在人多空气偶尔不良的情况下，许多人都会采取长时间屏住呼吸的锻炼方式，天长日久，以肺活量为主要参考指标的心肺功能一定会相当强劲！”

可见，正话反说是一种极强的语言技巧，既让人忍俊不禁，甚至是捧腹大笑，又能给人留下深刻的印象，收到意想不到的效果。因此，与人聊天时，要根据实际情况正确使用正话反说这一语言技巧，让聊天起到锦上添花的效果。

懂得话题转移，巧妙避开尴尬局面

聊天时，相谈甚欢无疑是最理想的局面，但是如果聊天进行到一个难以控制或者尴尬的局面，你实在不想再就这个话题谈论下去，却又担心自己贸然打断对方，会引起对方的不快。或者当谈话进入一个对自己很不利的局面时，最好的办法就是巧妙地将话题转移。

林肯在竞选国会议员的时候，遭遇了一个强硬的对手——卡特莱特牧师，为了扭转自己的劣势，卡特莱特牧师散布了很多不利于林肯的言论，并试图让林肯在公众场合出丑。有一次，卡特莱特在教堂传教，林肯也坐在教堂里。卡特莱特说道：“愿意和主同在的人，请站起来吧！”除了林肯之外，其他人全都站起来了。在布道进行到一半的时候，卡特莱特又再次号召大家：“不愿入地狱的人，请站起来吧！”那些人又站了起来，还是除了林肯之外。卡特莱特得意而嘲讽地说：“大家都希望能够到天堂里去，不愿与魔鬼为伍，只有林肯先生和我们不同。请问林肯先生，你是想到地狱里去吗？”

林肯听了卡特莱特牧师的话，立刻站起来说道："不，我要到国会去……"紧跟着，林肯便开始在教堂里大声宣讲自己的政治主张，听者无不纷纷喝彩。林肯成功地将一个尴尬的话题转移到了竞选上，为自己赢得了选民的信赖和好感。

将听众从幻想的世界带入现实世界，林肯这个招数确实非常高明。聊天中，这种偷换概念的方法也可为我们所用。比如，别人让你就他的看法发表一番"真知灼见"时，你可以说："真知灼见我倒有一个，不过不是关于你所说的那一方面，那方面你已说得尽善尽美了，我可补充不了，我想说的是……"话题就此转移了。其实，只要动动脑筋，有很多方法都可以让你既不扫别人的面子，又能巧妙地将话题转移。下面再来介绍一种通过巧妙地引入外界因素，轻松转移话题的方法。

汉末三国之际，刘备在小沛被吕布打得大败，失去栖身之地，不得已而投奔曹操。后来，又随曹操到了许昌。曹操素知刘备在徐州一带颇得民心，又有关羽、张飞为左膀右臂，生恐日后成为心腹之患。为了把他控制在自己手中，他把刘备带到了许昌。

曹操这种顾虑并非多余，实际上，刘备也早有别图。当时，他见曹操挟天子以令诸侯，心中不满，已与车骑将军董承等人接受了汉献帝的"衣袋诏"，随时准备除掉曹操。但表面上，刘备却又装出毫无作为的样子，在寓所屋后开了一片菜田，每天在地里种菜施肥。

一天，曹操突然请刘备赴宴。刘备不知曹操用意，十分不安。酒至半酣，忽然黑云漠漠，大雨将至。曹操看着天上闪电，忽又发起议论说："龙能大能小，能升能隐；大则兴云吐雾，小则隐介藏形；升则飞腾于宇宙之间，隐则潜伏于波涛之内。方今春深，龙乘时变化，犹人得志而纵横四海。龙之为物，可比世之英雄。”说到这里，曹操回首问刘备：“你看谁可称得上当世英雄?”

刘备本自心怀异志，闻曹操此问，更加忐忑不安。但却又故作镇静，谦虚地说了些“肉眼不识英雄”之类的话。在曹操坚持发问之下，他便历数了袁绍、袁术、刘表、孙坚等人。哪知曹操听后，却仰天大笑，说这些人不过是碌碌无能之辈，何足挂齿。接着便再发议论说：“所谓英雄，必定胸怀大志，腹有良谋，有包藏宇宙之机，吞吐天地之志者。”刘备问谁是这样的英雄，曹操用手指着刘备，又指一下自己，说：“当今天下英雄，只有刘使君你和我两人而已。”

刘备听罢，大吃一惊，手中筷子登时落地。当时正值大雨将临，一声霹雳轰然震耳。刘备自知失态，立即机敏地俯身拾起筷子，从容地说：“一震之威，乃至于此。”曹操笑着说：“大丈夫也这么害怕雷吗?”刘备说：“连圣人在迅雷烈风面前都会变色，何况我刘备怎能不怕。”

就这样，刘备不仅巧妙地将话题转移了，还避开了尴尬，从而解除了曹操的疑心。

同样的道理，当你遭遇聊天困境时，也可以利用一些办法将话题巧妙转移。比如，突然之间盯住对方的脸，问一句：“你是不是换了新的护肤品？我刚刚才发现你的皮肤变得特别有光泽呢!”这时候，对方大多会惊喜地说：“真的吗？我最近……”话题就这样很轻松地转移了，同时又取悦了对方，实在是一举两得。

具体到不同的境况，可以动脑筋想不同的办法，也可以学学别人是怎样不动声色地将话题转移的，因为他山之石，可以攻玉。

借口都是“找”出来的

所谓“借口”，就是“找理由”。生活中，虽然你不喜欢总为自己找借口的人，但是不得不承认，当赤裸裸的事实显得太不近人情时，当真实的原因太残酷时，你往往需要一个尽可能合理的借口，来满足别人的心理，来弥补自己的愧疚。人做事总想求得心安，求个名正言顺，仿佛一旦有了借口、有了解释，一切就有了着落，即便是掩耳盗铃也在所不惜。

既然说话中免不了要找借口，那么，在聊天中不如把借口说得尽可能合理，不伤对方面子，也不丢自己面子，一副“理直气壮”的模样才能“得逞”，不然慌慌张张、贼眉鼠眼，只会勾起对方的警惕和怀疑。

有一次，一位办理房地产转让的房地产公司业务员，托朋友的朋友写了一封介绍信，来到杨先生家。

进门后双方握手寒暄，业务员说：“这次有幸能够拜访您，多亏了张局长的引荐，他本人对您极为敬佩，还特地叮嘱我拜访您时，务必求得先生的亲笔签名。”说着，业务员从包里拿出杨先生最近出版的新作。

至此，杨先生完全放下了心里的戒备，不由自主地信任了这个业务员。

其实，业务员对张局长的敬佩以及签名的要求只不过是个借口，只是为自己顺利办事而制造的出师之名，真正的目的是对杨先生进行恭维，进而使他高兴地与自己聊接下来的正事。

从无意间得知邻居梁宇是名象棋高手之后，张兆远就格外高兴，他可是个象棋迷，以前想下象棋要到公园里去才行，可是现在不用了，邻居家就有一位现成的高手。于是，张兆远就成了梁宇家的常客，两个人坐在客厅里，经常一下就是好几个小时。这下子梁宇的妻子豆豆不高兴了，以前梁宇可是个好丈夫，现在倒好，洗衣服、洗碗、做家务都不做了。可是每次和梁宇说起这个问题，梁宇都无奈地说："我有什么办法？都是邻居，难道我赶他走不成？"豆豆心想也是，转念一想，张兆远这么天天不着家，难保他的妻子秀秀就一点儿怨言没有，于是趁着张兆远和梁宇在家下棋的时候，豆豆去了张家，和秀秀坐在一起聊天，说起家里的男人，秀秀直抱怨，说张兆远天天就想着下象棋，连家都很少回了。豆豆连忙把自己的驭夫术一招一式全部传授给秀秀。从那之后，张兆远就很少去找梁宇下棋了，即便偶尔造访，也是停留一会儿就走，因为"晚了秀秀又得唠叨了"。

借由他人的口来赶人，的确可以更有效，类似的还有家中刚刚有小宝宝的，可以提前和家人说好，如果有人来访，就去洗尿片，或者去煮饭烧菜等，忙个不停，对方也就没办法和你在家里畅聊了。如果觉得这样有失面子，也可以交代朋友，小孩子睡了，说话得小声点儿，然后你的声音尽可能地小，让朋友觉得听着实在费劲，那么他心中的烦躁感就会越来越强。这时你可以说："不如改天咱们去你家说吧，这样忒费劲！"轻松达到了逐客的目的。或者在大门上贴一张"家有幼儿，请勿大声喧哗，多谢"的字样，这样做好像是给邻居看的，实际上同时也可以对来访的客人起到警示作用，他看了便不好意思再在你家逗留，以后再聊天聚会什么的，便只能在外面了。

一个语言啰唆，但你又不能得罪、怠慢的人对着你滔滔不绝地说着无聊的话。你想让他停下来，可是又不能推托有急事而离开。这时，你不妨写个小纸条递给身边的朋友："到外面给我打个电话。"

几分钟后，电话响了，你边听边说："什么？让我马上过去？不行啊，我这里有一位很重要的客人，他的事很紧急。什么？非去不可……好吧。"

于是，你可以非常抱歉地送走那位啰唆的客人，这样既不用再继续那种烦人的谈话，又不会伤害对方的自尊心。

有时还可以提前设好手机闹钟，聊了一会儿之后，闹钟响了，你装出接电话的样子："什么？你到车站了？好，我去接你！哦，不行，我朋友在这儿呢！"这时候，对方识趣的话自然会立刻告辞。如果朋友还是不识趣，进而可以接着说："要不这样，我问问朋友，看他愿不愿意和我一起去啊……"这时候对方大多会告辞，你的目的也就达到了。把朋友送走，你就可以继续做自己的事情了。当然，也可以像以前电影里的科学家一样在墙上贴上一张诸如"闲谈不得超过三分钟"的条幅，但是可能会被人鄙视为"老土"。所以，在下逐客令的时候，最好还是把自己变成演技派。或者也可以对对方说："有点儿透不过气来，要不咱们上天台坐会儿吧！"天台上是不可能聊很长时间的，到时候朋友自己就会离开了。

面对无聊的聊天者，还有更为巧妙的办法，就是鼓励对方发展自己的兴趣。例如，你的朋友经常找你聊天，你不想在这方面浪费时间和精力，当你知道对方喜欢书法时，你可以找理由对他的书法大加赞赏，然后告诉对方：“你在书法方面有天分，只需要再努力一把，就可以成为书法界中耀眼的明星了，建议你多在书法上下点功夫。”对方听了一定会大为欣喜，刻苦练习他的旷世之才去了，以后恐怕你再想去找他聊天都不是一件容易的事情了。

当然，具体情况还要具体对待，只要开动脑筋，找好借口，不失为明智的选择。这样的话，既给了对方台阶，不伤害到友谊，又能减少一些不必要的麻烦，可谓一举两得。所以，你在聊天时，无论是求人帮助还是谢绝打扰，一定要找好借口。借口找对了，你就成功了！

糊涂一点又何妨

大多时候，聊天不是漫无目的的闲谈，而是带有一定的目的性，或表达自己的观点，或引起对方的重视，或从对方口中获取某些有用的信息……总之，聊天表面上是在对话交流，实际上也是一场博弈的过程。当你在与人聊天时处于被动或对自己不利时，装点糊涂实属明智之举。因为懂得糊涂的人才是真正的聪明人，他们遇事不自作聪明、不高谈阔论、不大发议论，相反他们总会摆出一副什么都不知道、什么都不清楚的样子。他们不管处在什么样的环境中都能够左右逢源，活得舒坦，活得逍遥自在，活得游刃有余。所以，糊涂不是昏庸，而是为人处世豁达大度，拿得起，放得下。

在公司举办庆功会时，老板从一开始就宣布说：“今天大家开怀畅饮，不醉不归。”由于前一段时间，为了这个项目，大家都忙得焦头烂额，趁这个机会正好可以好好放松一下，于是都开怀畅饮，老板也与大家同乐，融入了集体中。

几杯酒下肚，有的人已经有些醉了。其中有一个叫小赵的年轻人也醉了，拉着别人就开始说话，这时，灯光比较暗，也没看清自己拉着什么人。说着说着就提到了老板有一次责罚自己，并且声明自己对这件事情一直牢记在心，越说越委屈。最后说：“你知道吗？我们老板就是这样对待我的，扣了我半个月的工资，那个月我都不知道是怎么过来的。说真的，这件事情，我一直记在心里。但是，人在屋檐下，你不得不低头，所以……唉！”

说到这里，他忽然想去洗手间，就让身边的人扶自己一把。结果到洗手间的时候，借着灯光，虽然有些醉意，但是还是能辨认出，扶着自己的人正是自己的老板，心想：“这下糟了，一定会被炒鱿鱼的。”于是从洗手间出来后，就拉着自己的老板一个劲地叫“老王”。（老王是公司的另一名员工，平时和小张关系不错。）

第二天，小赵怀着忐忑的心情去上班，结果刚到办公室，老板就传唤他。他走进老板的办公室，老板故意提起责罚他的事情，并且对他说：“据说，这件事情，你一直记着，是吗？”

小赵说：“哪件事啊，您不说我还真忘了。”

老板说：“昨天晚上你可不是这样说的。”

小赵说：“昨天晚上的事儿，我一点都不记得了。当时醉得一塌糊涂，我只记得我拉着老王一个劲儿地说话，好像我的印象中就只有这个画面，其他的我都不记得了。”

听到小赵的回答，老板大笑起来：“你小子，还真会装糊涂。”

这件事情就这样轻松地处理了。

小赵得以化解自己被开除的危机，一方面在于老板的宽容，但是更多的是他自己的机智，知道自己酒后失言，就赶紧装糊涂，让老板无话可说，因而巧妙地避免了触犯“言有不言”这一规则后可能受到的惩罚。试想，要是小赵不会装糊涂，那可能就会被老板“逮个正着”，即使小王再会解释，再道歉，最后也很可能被老板开除。

看来，有的时候学会“装聋作哑”、“装疯卖傻”是摆脱困境的好办法。那么，我们在与人聊天的过程中，如何使用装糊涂的技巧呢？

1. 装糊涂的幽默效果

下面有个小故事，我们不难看出谈话带来的“糊涂”效果：

有一个姑娘眼看就要变成剩女，于是埋怨起来。

朋友问她：“那你想找一个什么样的男朋友呢？”

她说：“有车，还要帅。”

朋友说：“原来你喜欢象棋。”

她又改口说：“要有钱，还要有房。”

朋友说：“哦，那不是银行吗？”

她连忙说：“既有责任心又有正义感的。”

朋友说：“这还不简单，不就是奥特曼吗？”

她这下急了：“不对不对，我要有车还要帅的，有钱还有房的，有责任心还有正义感的。”

朋友恍然大悟：“原来是在银行里面下象棋的奥特曼。”

上面故事中的这位朋友从头到尾都在装糊涂。可是，制造出了令人捧腹的效果，又不是大是大非的原则性问题，装装糊涂又何妨。

2. 装糊涂应对诡辩

在很多情况下，面对巧舌如簧的人，总让人难堪至极，明知对方是谬论，却不知道该如何反击。那么，你不如装装糊涂，以谬制谬。

楚庄王钟爱一匹马，这匹马穿的是华丽锦缎，住的是华丽房屋，睡的是床铺，吃的是切好的干枣。后来这匹马死了，楚庄王决定用棺椁装殓它，以大夫的礼仪来给它风光大葬。大臣们议论纷纷，都认为楚庄王的做法很不妥。楚庄王不听众人的劝解，并下令说谁敢再为葬马的事情劝说他，就要被杀头，群臣都不敢再劝了。

这时，楚国的乐官优孟大哭着走了进来。楚庄王奇怪地问他为什么哭，优孟回答说："这匹马是大王最喜欢的，就凭楚国这样大的国家，有什么事情办不到？大王却只用大夫的礼仪来安葬宝马，太不够档次了，大王应该改用人君的礼仪来葬马。"楚庄王问："怎么样用人君的礼仪葬马呢？"优孟说："臣请求大王用雕饰过的玉做棺材，派甲士挖穴，让老人和孩子背土，齐、赵两国的陪侍在前面，韩、魏两国的护卫在后面，庙堂祭祀用太牢为祭品，并封给万户大的地方作为它的奉邑。"

听到这里，楚庄王已经判定这样的方式太过分了。优孟见时机已经成熟，便下结论说："诸侯听到了这件事，都知道大王您轻视人而重视马。"楚庄王一听，马上说："寡人的过错竟到了这种地步吗？太不可思议了，我该怎么办呢？"优孟笑着说："请大王将这匹马当作一匹普通的牲畜来埋葬吧，在地上挖个土灶，用铜铸的大鼎作为棺材，赏赐给它姜枣，再用木兰树的皮铺在棺材里，用粳米做祭品，用大火炖煮，将它埋葬在人的肠胃里。”楚庄王觉得优孟说的话在理，于是叫人把马交给了宫里主管膳食的官员。

楚庄王要给马办丧事，这本来就是很荒唐的，而将马的葬礼办得跟大夫的葬礼一样简直就是胡闹。但在楚庄王自己看来却不觉得这有什么过错，因为他太爱那匹马了。面对楚庄王如此的决定，优孟先不指出楚庄王的错误，而是顺着他的想法，推理出一系列结论，从而让楚庄王意识到自己的想法是荒谬的，而优孟则达到了“以谬制谬”的目的。

3. 装糊涂调节气氛

在某地电视台选拔主持人的大赛上，其中一位评委对选手说：“我们在为电视台选拔主持人，就要承担起选好主持人的责任。基于这个立论，选拔男主持人时，选手要形象好、个头高。”

让人想不到的是，进行第三场初赛时，高个儿选手多半被淘汰，这些选手虽然身体达标，但其他方面出现明显的短缺，无法胜任主持人的岗位。面对如此状态，另一位评委点评道：“今天的高个儿选手几乎全军覆灭，可能与电视台的配置有关。例如，主持台、桌子、椅子，缺少大号的。所以，才出现今天他们被淘汰的情况。”一句话把在场的所有选手、评委、观众都逗乐了。虽然连三岁的小孩都知道这是最不可能的一个原因，可是装装糊涂又何妨，大家乐了，气氛活跃了就行。

可见，在聊天的过程中，适时地装装糊涂，有时候可以解除尴尬，给自己找个台阶；有时候能巧妙达成幽默，给予讽刺或反击；有时候能迷惑对手，令自己抢得先机。总之，懂得装糊涂的人才是真正的智者，而不能领会大智若愚的奥妙，才是真正的傻瓜。

不好明说的话就暗示

很多人都误以为聊天是一种简单的交谈形式，其实并非如此。懂得聊天之道的人，在表达内心的想法时，有些话不能说穿、说破，而是通过暗示的方法，达到自己的目的，这样就不会伤害对方的自尊心。

所以，暗示也是聊天的技巧之一，通过暗示的方法传递出自己的信息，如果对方与你意见统一，大可顺势深谈，如果对方反对，打个哈哈也就过去了。

卡耐基曾借助某旅馆举办培训班，后来旅馆经理要求增加300%的租金。卡耐基找到这位经理，告诉对方："我接到你们的通知时，有点震惊。假如你坚持要增加租金，那么让我们来合计一下，这样对你有利还是不利。如果你把我撵跑了，我势必再找别的地方举办培训班。这个培训班将吸引成千上万的有文化、受过教育的中上层管理者来听课。对房主来说，这难道不是起了不花钱的活广告的作用了吗？事实上，假如你花5000元钱在报纸上登广告，你是不可能邀请到这么多人亲自来你的旅馆参观的，可我的培训班给你邀请来了。这难道不合算吗？请仔细考虑后再答复我。"

结果第二天，卡耐基就接到旅馆经理的回复，房租只涨50%。

卡耐基就是通过暗示的方式告诉旅馆的经理，自己的价值可以给旅馆方面创造更多的宣传空间，所得到的效果远远要高于在报纸花5000元做广告所带来的收益。听到这样的暗示，旅馆经理觉得卡耐基说得有道理，仅将房租涨了 50% ，远远低于当初 300% 的价格。

什么事都说得透亮，并非最高明的谈话。任何一种意思都可以含蓄隐晦地表达，与朋友说话时，言语不可太直，否则会招惹对方不快。当你要向他人传达一种信息，而这种信息又只可意会不能言传的时候，暗示便派上了用场。

宋朝知益州的张咏，听说寇准当上了宰相，就对其部下说："寇准奇才，惜学术不足尔。"这句对寇准的评价是非常正确的，寇准虽然有治国之才能，但不愿学习。

张咏与寇准是相交很深的朋友，他一直想找个机会劝劝寇准多读些书。因为身为宰相，关系到天下的兴衰，理应学问更多些。

恰巧时隔不久，寇准因事来到陕西，刚刚卸任的张咏也从成都来到这里，老友相会，格外高兴。临分手时，寇准问张咏："何以教准？"

张咏对此早有所考虑，正想趁机劝寇准多读书。可是又一琢磨，寇准已是堂堂的宰相，居一人之下，万人之上，怎么好直截了当地说他没学问呢。张咏略微沉吟了一下，慢条斯理地说了一句："《霍光传》不可不读。"

当时，寇准弄不明白张咏说这话是什么意思，可是老友不愿就此多说一句，说完后就走了。

回到相府，寇准赶紧找出《汉书·霍光传》，他从头仔细阅读，当他读到"光不学无术谋于大理"时，恍然大悟，自言自语地说："这大概就是张咏要对我说的话啊！"当年霍光任大司马、大将军要职，地位相当于宋朝的宰相，他辅佐汉朝立有大功，但是居功自傲，不好学习，不明事理。

寇准是北宋著名的政治家，为人刚毅正直，思维敏捷，张咏赞许他为当世“奇才”。所谓“学术不足”，是指寇准不大注重学习，知识面不宽，这就会极大地限制寇准才能的发挥，因此，张咏劝寇准多读书加深学问，既客观又中肯。如果说得太直，对于刚刚当上宰相的寇唯来说，面子上不好看，而且传出去还影响其形象。张咏知道寇准是个聪明人，以一句“《霍光传》不可不读”的赠言让其自悟，何等婉转曲折，而“不学无术”这个连常人都难以接受的批评，通过劝读《霍光传》的暗示方式，使当朝宰相也愉快地接受了。

某单位近期纪律极差，为整顿劳动纪律，负责纪律的张部长决定召开员工大会。张部长深知：不能专门针对某个员工，也不能在会上专门强调纪律差，否则会打击员工的积极性，但是还必须指出这次开会的原因。

那么张部长是怎么主持这次会议的呢？

在会上，张部长说：“最近一段时间，我们单位的纪律总的来说是好的，但也有个别同志表现比较差，有的同志迟到早退，也有的同志利用上班时间聊天……希望我们的同志都反省一下自己。”

这里，他用了一些暗示语言：“最近一段时间”、“总的”、“个别”、“有的”、“也有的”……这样，既照顾了员工的面子，又指出了问题。这就给有这些错误的员工提了个醒，这比直接点名批评效果更好。

因此，你要时刻记住，聊天时有些话不便直接说出来时，就采用暗示的方法巧妙含蓄地传达自己的意思，往往能达到良好的效果。

第六章
说服对方，你聊天的目的就达到了

聊天中你需要说服的对象有很多，可能是你的父母、你的上司、你的顾客、你的朋友、你应聘的主考官……有时候，某些人欲在你身上实施犯罪行为的时候，你更应该临危不惧，巧妙地使用说服技巧，避免造成严重的后果。所以说，每个人都随时可能遇到要说服别人的情况，如果不掌握技巧，说服就难以达到理想效果。

深入了解对方，找出说服的突破口

当你通过聊天的方式，去说服对方时，是一件比较难的事情，但不等于不能够实现。首先你要搞清楚，为什么难？当一个人形成自己的想法和决定之后，要使其发生改变并不是一件容易的事。就连你自己，很多时候都不希望别人来改变自己的想法。在一定程度上，这也许有一种胜负之心在作祟，似乎一旦被别人说服，就像是认输了一样。因此，这个时候就需要你深入了解对方，抓住对方的软肋，才能在聊天中达到说服的目的。

19世纪中期，美国林肯政府决定开展一项巨大的工程——修建横贯东西的大陆铁路。卡耐基得知这个消息后十分高兴，立刻考虑要如何取得铁路承建权。当然，竞争的人很多，而最大的竞争对手无疑是历史悠久、资本雄厚的普鲁曼公司。卡耐基想，如果与普鲁曼公司直接竞争，自己的胜算并不大，即使成功了，也会因为之前激烈的竞争，而使承包的价格大大降低，这样无论谁胜谁负，都得不到太多的好处。思前想后，他决定去普鲁曼公司找负责人布鲁曼先生聊一聊。

见到布鲁曼之后，卡耐基真诚地说道："布鲁曼先生您好，我是卡耐基，现在我正在跟你竞争铁路的承建权。"

布鲁曼见到卡耐基这么坦诚，也说道：“是的，我们是竞争关系，而且我认为你是我们最大的竞争者。”

卡耐基笑道：“不瞒您说，我也认为您是我们最大的对手。如果我们硬碰硬，无论谁胜谁负，都会大伤元气。”

布鲁曼高傲地说道：“的确是这样，你最好退出竞争，当然我会在其他业务上给你进行适当的补偿。”

“我非常感谢您的关心，也十分愿意接受。但是，我退出后，还是会有别的公司与您竞争，而您的胜算也并非百分之百吧？”卡耐基的话软中带硬，“所以我有一个提议，我们谁都不用退出竞争，相反，我们要联合起来，凭我们两家公司的实力，我相信这场竞争的最终胜出者一定是我们。这样我们可以向铁路公司索取最高利润。”

卡耐基的一番话让布鲁曼动摇了，他当即表示：“嗯，这个想法不错，可是要怎么着手呢？”

卡耐基回答道：“我们可以联合成立一家新的公司，就叫作布鲁曼豪华客车公司。”

布鲁曼听到新公司的名字是以自己的名字命名，心里很高兴，同时又想到这样的一家新公司可以取得巨大工程的承建权，获得巨额利润，何乐而不为呢？于是他接受了卡耐基的建议。后来，他们以新公司的名义如愿以偿地取得了承建权。在这项工程中，卡耐基出资少，只获得了部分利润，但比起要通过激烈竞争和降价而得的利润还是要大很多。

卡耐基的聪明之处在于，他懂得说服布鲁曼退出竞争并不是最终目的，而为自己争取最大利润才是目标。那么如何为自己争取最大利润呢？那就是说服布鲁曼同意自己的建议——建立一家新公司。而只有站在布鲁曼的立场上，想象布鲁曼可以从这家新公司得到什么好处，才有可能打动布鲁曼。卡耐基以布鲁曼的名字命名新公司，满足了布鲁曼对名的要求；又以取得铁路承建权，满足了布鲁曼对利的追求。名和利都有了，布鲁曼又如何能拒绝呢？

你要想在聊天中，成功地说服对方，最重要的不是技巧，而是取决于你能否正中人心。了解人心不是一件容易的事情，但是你通常可以从一些基本方面着手。

1. 了解对方的性格

不同性格的人，接受他人意见的方式和敏感程度是不一样的。是性格急躁的人，还是性格稳重的人；是自负又胸无点墨的人，还是有真才实学又很谦逊的人。只要了解了对方的性格，就可以按照他的性格特征，有针对性地进行说服。

2. 了解对方的长处

一个人的长处就是他最熟悉、最了解、最易理解的领域。如有人对部队生活比较熟悉，有人对农村生活比较熟悉，有人擅长文艺，有人擅长体育，有人擅长交际，有人擅长计算等。

在说服人的时候，要从对方的长处人手。第一，能和他谈到一起去；第二，在他所擅长的领域里，谈论起来他容易理解，因此容易说服他；第三，能将他的长处作为说服他的一个有利条件，如一个伶牙俐齿、善于交际的人，在分配他做推销工作时可以说：“你在这方面比别人具有难得的才能，这是发挥你潜在能力的一个最好机会。”这样谈既有理有据，又能表现领导者对他的信任，还能引起他对新工作的兴趣。

3. 了解对方的兴趣

有人喜欢绘画，有人喜欢音乐，有人喜欢读书，还有人喜欢下棋、养鸟、集邮、书法、写作等，人人都喜欢从事和谈论其最感兴趣的事物。从这里人手，打开他的“话匣子”，再对他进行说服，便较容易达到说服的目的。

4. 了解对方的想法

一个人坚持一种想法，绝不是偶然的，他必定有自己的理由，而且他讲的道理一般都符合他的利益。尽管有时这也许不是他想要坚持的，只是不愿承认，难于启齿罢了。如果说服者能真正了解他的“苦衷”，就能有针对性地加以解决。

5. 了解对方的情绪

一般而言，影响对方情绪的因素有以下三方面：一是聊天前对方因其他事所造成的心绪仍在起作用；二是聊天时对方的注意力还未集中起来；三是对说服者的看法和态度。因此，说服者在开始说服之前，要设法了解他当时的思想动态和情绪，这对说服的成败是一个至关重要的环节。

让对方说“是”，你就掌握了聊天的主动权

爱伯逊是纽约银行的一名出纳员，一天一位大客户来银行存款。爱伯逊一边与对方聊一边指导客户如何填写申请表。期间，他发现申请表格中，有些项目客户马上就填好了，可是有的项目客户拒绝填写。

这种情况让爱伯逊感到为难，如果是在以前，他会说：“先生，请您完整填写这份申请表，否则银行不予办理您的存款业务！”

可是爱伯逊不想失去这位顾客，那就要想点办法留住他才行。于是，他想办法让对方说“是”。

爱伯逊避开银行的要求不谈，而是谈客户应该关心的。因此，爱伯逊说：“其实我也觉得没必要填写这么多内容，但是您想过没有，如果出了什么意外，您有钱存在银行里，您是不是愿意让银行把存款转交给您最亲密的人？”

客户马上回答：“是的，我当然愿意。”

爱伯逊接着说：“那么，如果您不填写您最亲近的人的资料，一旦出了什么意外，我们怎么处理您的钱呢？所以，您应该把您最亲近的亲属的资料填在这份表格上，如果出现什么情况，我们会把这笔钱移交给他。”

客户说：“是的，这是个不错的办法。”

最后，这位客户不但把所有情况都填在表格上，而且还接受了爱伯逊的建议，用他母亲的名义开了个信托账户，有关他母亲的具体情况，他也详细填在相关表格上。客户态度转变的原因，是他觉得填写这份表格完全是为他的利益着想的。

关键时刻，爱伯逊显示出他聪明的一面。他改变交谈方式，告诉对方填写剩余信息的好处，让对方顺着自己的思路说“是”。通过让对方说“是”，爱伯逊与客户之间减少了不必要的争论，对方还会愉快地接收他的建议。

小刘是一位推销电动机的推销员，一次他去拜访一家老客户，准备说服他们再购买几台新式电动机。在去之前小刘和这家公司的工程师通过电话，了解到工程师前一天到车间去检查，用手摸了一下前不久小刘推销给他们的电动机，感到很烫手，便断定小刘卖给他们的电机质量太差。

当小刘刚踏进那家公司的门口，就遭到了对方工程师的拒绝，那名工程师说："小刘，你又来推销你那些破烂了！你不要做梦了，我们再也不会买你那些玩意儿了！"

小刘冷静地考虑了一下，心想如果与对方辩论电动机的质量，肯定于事无补。于是他便采取了另外一种思路，他对工程师说："好吧，我完全同意你的立场，假如电动机发热过高，别说买新的，就是已经买了的也得退货，你说是吗？"

"是的。"工程师回答说。

"你是知道的，任何电动机工作时都会有一定程度的发热，只是发热不应超过全国电工协会所规定的标准，你说是吗？"

"你说得对，是这样。"

"如果按国家技术标准，电动机的温度可比室内温度高出42℃，是这样的吧？"

"是的。但是你们的电动机温度比这高出许多，昨天还差点把我的手烫伤！"

"哦，是这样。那么请问你们车间里的温度是多少？"

"在24℃左右吧。"

"这就对了。车间是24℃，加上应有的42℃的升温，共计66℃左右。那么一个人把手放进66℃的水里是不是会被烫伤？"

"嗯，好像是的。"

"这就对了啊，所以以后千万不要去摸电动机了。我们的产品质量，你们完全可以放心，是绝对没有问题。"就这样一直让对方说"是"，小刘又做成了一笔买卖。

让对方说"是"，是一种说话的艺术，如果你学会了这种艺术，你将终身获益。当一个人在说话时，如果一开始引导他来说"是"，那么他已经在内心深处有了肯定的一面。这时候内心的抵抗和戒备就会完全放松，交流起来的气氛就会融洽很多，对方也容易放弃自己原来的偏见，转而同意对方的意见。案例中，小刘从一开始就引导工程师回答“是”，从而抓住了问题的主动权，使聊天的结果向着自己更有利的方向去发展。那么，到底如何才能让对方说“是”呢？以下两点，我们在与人聊天中值得借鉴。

1. 说对要说的话

卡耐基曾经说过，天下只有一种方法可以让任何人去做任何事，那就是让他自己想去做这件事。而让他自己想去做这件事，唯一的方法是让他认为你说的是对的，让他认为他是在遵循对的东西才这样做。

比如说，你喜欢朋友的某个物件，又不想直接表达自己的想法。这个时候，你可以这样做，先装着无意拿起它看了看，丢在一边，说：“你平时是一个非常爱干净的人，把屋子收拾得一尘不染。刚才我在它身上发现了灰尘。看来，它在你的生活中并没有存在的意义呀。”朋友可能微微一笑或把话题转移到其他地方。

这时，你再次拿起刚才的那个东西，对着它哈一口气，然后认真擦拭，边擦边说：“要是我，就把它当成宝贝，天天放在最显眼的地方。你能忍疼割爱吗？”当你说到这里，朋友可能会说：“我的确不怎么喜欢它，你要是喜欢就拿去吧。”这样，你便拥有了它。

如果你直接张口向朋友要，朋友会产生逆反心理，可能不给你，即便给你了，心里也不舒服。当你用那样的语言进行表达时，朋友的确觉得它对自己来说是可有可无的东西，对方会毫无留恋地送给你，这样在朋友看来，你欠他一个人情。

2. 给对方创造说“是”的氛围

奥佛斯屈教授在他的《影响人类的行为》一书中说：“当一个人说‘不’时，他所有的人格尊严都已经行动起来，要求把‘不’坚持到底。事后他也许会觉得这个‘不’说错了，但是他必须考虑到宝贵的自尊心而坚持说下去。因此，使对方采取肯定的态度，是一件特别重要的事。”由此可知，在和对方聊天的时候，要避免对方说“不”的气氛，一定要创造出对方说“是”的气氛。比方说，在和对方聊天的时候，我们应该把自己置于“是”这一情景之中，将对方可能采取的反对意见铭记于心，同时，还应牢记你所熟知的对方的观点。你还可以运用肢体语言，当你在问别人“是这样吧？”“一定是吧？”等让对方回答“是”的问句后，你一定要先给对方制造一个说“是”的氛围。

巧用故事攻破对方的心理防线

大道理谁都会说上几句，但有几个人会耐心地听下去呢？聊天高手在说服他人时，通常不会摆干巴巴的道理，而是讲故事。讲故事是说服别人的最好方式之一。通过讲故事，可以将你的理念传达给对方，并且影响对方，一举攻破对方的心理防线。有人曾做过实验，在同样的条件下进行相同的说服活动，其中一组不使用任何技巧，另外一组则加入“故事”的元素。结果发现，加入故事元素的小组说服效果要远大于不加故事的小组。

于丹在讲到自己的书如何让国外的读者接受时，说：“故事永远比道理容易传播。我们的幼年、童年都是喜欢听大人讲故事的，长大以后照样喜欢听故事。所以，你用故事去传递道理，它就变成了道理的载体。如果你没有载体，仅仅讲道理，谁都拒绝说教。”可见，“讲故事”是“讲道理”的好途径。

在聊天中，运用故事进行说服时，一定要使所讲的故事与所阐述的道理发生必然联系，并且给予一定的寓意，才有可能达到目的。通过讲故事说服对方，通常表现在以下两点。

1. 比直接说更有说服力

所谓当局者迷，旁观者清。很多时候，如果接受劝解的人，处于懵懂和迷惑之中，有针对性地利用一些富于哲理的小故事，来暗示自己的某种用意，就可能在听者的心灵中撒播下一片阳光，从而成功地说服对方。

三国时的刘备有位甘夫人，天生丽质，刘备非常喜爱，每天都花很多时间陪伴甘夫人。后来，有个人献给刘备一个精巧的玉人，高三尺，栩栩如生，光彩照人。刘备爱不释手，便把玉人放在甘夫人的房间里。

后来，刘备占据蜀地之后，便渐渐地开始玩物丧志了，常常一边抱着甘夫人，一边搂着玉人。甘夫人看了很着急，她想劝刘备不要玩物丧志，但是怕刘备不高兴，于是甘夫人以“子罕不以玉为宝”的典故劝说刘备：“古代宋人得到一块玉石，献给宋国的正卿子罕：‘这块关玉长得像一个人，是一块稀世之宝，所以我把它奉献给您。’可是子罕连看都不看一眼，他说：‘我平生从来不贪那些宝贵的东西，如果你将玉赠送给了我，那么，你丢掉了宝玉，我却丢掉了廉洁这块宝。’这个故事，在春秋时代传为佳话。”

紧接着，甘夫人话锋一转，说到正题：“现在魏国、东吴都未消灭，陛下你却以一块玉石玩于股掌，凡是淫、惑必生变，千万不可长此以往啊！”

这时，刘备才恍然大悟，他立即下定决心，撤玉人，拒小人，致力于实现囊括四海、复兴汉室的宏愿。

甘夫人借用“子罕不以玉为宝”的典故，委婉地传达了自己的看法，暗示一种告诫之意。这比直接劝告刘备有用多了。

2. 比命令更有说服力

上汽集团原总裁胡茂元也是一位讲故事的高手，他常常会在各种场合，针对各种问题讲故事。有人称赞胡茂元所讲的故事是一部具有丰富内涵的“工作哲理大典”。

有一次，针对用户满意工程，胡茂元讲了一个美国通用汽车的真实故事：

有一天，一名顾客写信给美国通用汽车公司的庞帝雅克部门，抱怨说：“我习惯每天在饭后吃冰淇淋。最近刚买了一部新的庞帝雅克，每次只要我买的冰淇淋是香草口味的，从店里出来后车子就发动不着。但如果买的是其他口味，车子发动就很顺利。”

部门立刻派一位工程师去查看究竟，发现事实确实如顾客所说。

这位工程师当然不相信这辆车子对香草过敏。他经过深入了解后得出结论，这位车主买香草冰淇淋所花的时间比其他口味的要少。

原来，香草冰淇淋在这家店最畅销，为便利顾客选购，店家就将香草口味的特别分开陈列在单独的冰柜，并将冰柜放置在店的前端；而其他口味的冰淇淋放置在离收银台较远的地方。

深入调查发现，问题出在“蒸汽锁”上。当这位车主买其他口味时，由于时间较长，引擎有足够的时间散热，重新发动时就没有太大的问题。买香草冰淇淋由于花的时间短，引擎还无法让“蒸汽锁”有足够的散热时间。

一个看似没有任何联系的问题，却让工程人员发现了汽车部件的缺憾，便于改善产品。胡茂元的这个故事生动有趣，旨在告诉员工只有用心才能让顾客满意，远比生硬枯燥地命令员工要用心工作的效果好得多。

理由充分，说出的话才有分量

说话要有证据，这是尽人皆知的常识。聊天中，要说服对方，接受自己的想法或观点，首先要证明自己观点是真实的。哪怕你的理由根本站不住脚，行动之前也必须给自己找一个充足的理由。

在《伊索寓言》中，有个尽人皆知的《狼和小羊》的故事：

狼看见小羊在河边喝水，想找个冠冕堂皇的借口吃掉它。它在上游，责备小羊把水搅浑了，使它喝不到清水，小羊说：“我是在离大王一百步的下游……不可能把上游的水弄浑。”

狼无奈，撇开这个借口，又说小羊：“你去年骂过我的爸爸……唷，我想起来了，两年以前，我走过的时候，就是你站在这儿说的。伙计，我可忘不了，忘不了！”

“可是，大王，我那时还不满一岁呢！”不幸的小羊答道。

“那么，一定是你的哥哥。”

“我没有哥哥，大王。”

“哦，那就一定是你的朋友什么的，再不然就是你的亲属。可不是吗？凡是你们羊类，还有你们的猎狗和你们的牧人，都想谋害我，老是想谋害我，老是想找机会害死我。为了这些个损害，我就要跟你算账！”

“可是我呢，我哪儿得罪了你？”

“别废话！你讲了一整天的话了。你以为我有工夫来细数你的罪状，小畜生？你的罪状就在这里：我要把你吃掉！”

于是狼就把小羊拖到树林深处去了。

这个故事中，狼为了吃掉小羊，编造出各种各样的“事实”来当理由。虽然被小羊一一识破并揭露出来，但狼还是通过自己编造的“理由”，心安理得地把小羊给吃了。

其实即使有了真实的理由，也未必就能具有无可辩驳的力量，比如片面的、不充足的理由进行证明，就是“以偏概全”的一种表现。

一个英国人在加来登第一次踏上法国领土，他见到了两个长着红头发的法国人，因此下结论说：原来法国人都长着红头发。

这个英国人由于生活环境、阅历的局限，不知山外有山，孤陋寡闻，只根据自己的狭隘偏见和一知半解就做出了一般性结论，对于这种错误，只要将其他与此不同的事实揭示出来，就可以达到纠正、反驳的目的。

在美国进行的一次大选中，有位共和党议员发表了攻击民主党的演说。他说：“在威尔逊的领导下，我们走进了第一次世界大战；在罗斯福执政时期，我们卷入了第二次世界大战的漩涡；而杜鲁门呢？朝鲜之战！约翰逊呢？越南之战！”

这位议员所举的事实都是有目共睹的。威尔逊、罗斯福、杜鲁门、约翰逊都是民主党人，在他们当政期间确实使美国经历了战争之苦。但这一切并不能证明他的论题“民主党人执政会引导我们走向战争”。因为这些事实是片面的，还有民主党人执政时未发生战争的事实。这位议员的立论是“以偏概全”，不能成立。

某洗浴中心服务员马小姐在整理房间时，意外拾到顾客遗失的戒指，她想据为己有，不料被巡视的李经理发现了。

李经理让马小姐上交，可她理直气壮地说：“戒指是我拾的，又不是偷的，更不是抢的，不上交也不犯法。”

李经理见马小姐态度坚决，便说：“小马，你能给我解释一下什么叫‘不劳而获’吗?”

马小姐噘着嘴，脱口而出说出“不知道!”三个字。

李经理耐心地说：“简单地说，‘不劳而获’就是没有经过劳动而占有别人的劳动果实。”

马小姐有些不耐烦了，说：“请你不要给我咬文嚼字了，我还要继续整理房间呢。”说完，不再理会李经理，继续忙手中的活计。

见此情景，李经理非但没有生气，反而变得更加耐心，她一边帮马小姐整理房间一边问：“抢别人的东西，你觉得是不是‘不劳而获’呢?”

马小姐迟疑一下，说：“那肯定是呀。”

李经理接着又问：“偷别人的东西，是不是‘不劳而获’呢?”

“当然也是。”

“那么，拾到别人的东西据为己有是不是‘不劳而获’呢?”

“这，这……”马小姐语塞。

李经理顺势教育道：“拾到别人的东西据为己有和偷、抢来的东西，在‘不劳而获’这一点上是相通的，除了国家法律，我们还应有一定的社会公德，再说我们也有工作守则，拾到顾客遗失的物品要交还，你可不能犯糊涂啊！”经过李经理的教育，马小姐终于认识到自己的错误，把戒指交了出来。

从上个事例中可以看出，李经理说服马小姐的过程中，避开了马小姐的歪理，而是通过循序渐进的方式说出让她交出戒指的理由。这里，李经理的理由就是“不劳而获”这个论题，从而让马小姐认识到问题的严重性，即：拾到东西占为己有，同偷、抢一样是“不劳而获”，是同样可耻的行为。通过一番深入浅出的交谈，马小姐受到了教育，打消了错误的念头。

你在聊天时，要想说服对方，一定要理由充分，让对方无可辩驳。切莫“以偏概全”，他人之言，特别是权威之言，这不失为一种论证的好方法。但是，他人之言往往受某一特定环境局限。在任何时间、地点，都引以为据，就是一种滥用，会犯一种“以人为据”的错误。所以，要根据实际情况和说服的进度，进行合理的使用，才能达到效果。

摆明利害关系，增强说服的砝码

聊天时，我们经常会遇到一些固执己见、不肯听取意见的人。对付这样的人，说服他最有效的方式就是让他看到自己所坚持的事情会给自己带来什么样的后果，也就是说要对他晓以利害，这是有效说服的关键。

战国时，齐宣王接见孟子。孟子问道：“大王发动战争，将士冒着危险，使齐国与各诸侯国结成冤家，这样您心里才痛快吗？”

齐宣王回答说：“不是的，我为什么这样做才痛快呢？我是要实现我的最大愿望。”

孟子说：“大王可以将您的最大愿望讲给我听吗？”

齐王笑笑而不回答。

孟子说：“是为甘美的食物不够吃，轻暖的衣服不够穿，艳丽的色彩不够看，美妙的音乐不够听，还是为了侍候的人不够使唤呢？难道大王真的是为了这些吗？”

齐宣王说：“不，不是为了这些。”

孟子说：“好，大王您的最大愿望我知道了。您想扩大土地，使秦、楚这样的大国都来朝拜您，您要做天下盟主，安抚四境外族。如果您想通过战争的途径来实现自己的愿望，就好像爬到树上去捉鱼一样。”

齐宣王说：“竟有这么严重吗？”

孟子说：“恐怕比这还严重呢，爬到树上去捉鱼，虽然捉不到，却没有什么后患；为了实现某个愿望，就尽心竭力去做与实现这个愿望背道而驰的事，还会招致祸害呢。”

孟子接着以邹、楚为例，说明大、小国之间不能为敌，强、弱国之间不能为敌，齐国不能同天下为敌。同时阐述要想在天下争王，必须实行仁政的道理。

最后齐宣王说：“对您的主张，我不妨试试，望您辅佐我达到目的。”

孟子以步步为营的巧妙方法，令齐宣王说出了自己的真实想法，同时，用生动形象的比喻，摆明利害关系，使齐宣王意识到强攻硬打只能结怨，犹如缘木求鱼，是方向性的错误，而只有修仁政才是一个国家正确的外交路线。

提及“球王”贝利，只要稍微了解一点足球的人都知道，他是20世纪最伟大的足球明星之一。贝利是足球史上一位难得的天才型球员，儿时的贝利已经显示出踢球的天赋，并且取得了不错的成绩。

有一次，小贝利参加完足球比赛后，队员们一边坐在草场边缘休息一边聊踢球过程中发生的种种事情。这时，其中一位队友从包中拿出一盒香烟，分发给周围的同伴，小贝利也得到一支。这以前，他从未抽过烟，在队友的鼓动下，小贝利便叼起香烟抽了起来。不巧的是，他抽烟的一幕，恰好被赶来看望他的父亲看到。与此同时，小贝利也发现了父亲，赶紧把手中的香烟掐灭，扔到一边，装出一副什么也没有发生的模样。父亲面带笑容，走过来后，没有当众揭露他刚才的行为。回到家后，父亲和蔼地问道：“今天你抽烟了，对吗?”

小贝利没有说话，而是摇了摇头，表示自己没有抽烟。父亲用手拂去小贝利头上的草屑，说：“你不要狡辩了，我都看见了。”

小贝利见无法瞒过父亲，就耷拉着脑袋，红着脸回答说：“是的。”然后，做好父亲训斥的准备。

然而，让小贝利没有想到的是，父亲没有这么做。他在小贝利身边踱了一会儿步，说：“孩子，你在足球方面的确很有天赋，这一点我从来就没有质疑过，如果你勤学苦练的话，将来肯定会出人头地。不过，你不要忘了，想成为一名优秀的运动员，必须要有强健的体魄，而抽烟对健康有很大的威胁。今天你抽了你人生中的第一根烟，明天你可能就会抽第二根、第三根……长期下去，抽烟非但不能帮助你提高球技，反而会影响你的身体健康，长期下去，你就无法从事你喜爱的足球运动了。”

父亲停顿了一下，见小贝利没有出声，继续说道：“作为你的父亲，在你成长的过程中，引导你向正确的方向发展是我义不容辞的责任，对于你抽烟这种不良行为，我会坚决予以阻止。至于我的阻止是否能够取得效果，决定权在你手上，也就是说向好的方向发展还是向坏的方向发展，由你自己来决定，而我的阻止是没有办法剥夺你的决定权的。”

说到这里，父亲又停了一会儿，看了看面前的小贝利，喝一口茶后，说：“你究竟是想让烟继续摧毁你的健康呢，还是想成为一位奔跑在赛场上的优秀运动员呢？现在你有自己的判断能力，希望你能给自己做出一个明智的决定。”

说到这里，父亲从干瘪的口袋内摸出一张钞票，递给小贝利，说：“如果你想放弃你热爱的足球运动，不想日后奔跑在绿茵赛场上，坚决抽烟的话，作为父亲，我尊重你的选择，这是给你的第一笔抽烟费。”父亲说完，把钞票硬塞到小贝利手中。

小贝利握着父亲给的钱，回味着父亲刚才讲的话，为自己的抽烟行为感到非常后悔。一阵反思后，他拿着钱走向在屋外干活的父亲，说：“爸爸，我错了，我想成为一名出色的运动员，以后再也不抽烟了。”

从那以后，贝利再也没有抽过烟，同时也更加刻苦地训练，终于成为一代球王。

在教育小贝利方面，他的父亲显得很富有智慧，对于一个孩子而言，如果进行直接批评，可能会产生逆反心理达不到让小贝利戒烟的目的，所以他采用了晓以利害的方式。对于抽烟的坏处，他给小贝利进行分析，让他知道抽烟对身体危害很大，会直接影响将来他在足球上的发展。

可以说，晓以利害是有效说服对方的关键，如果能够充分运用好它，便能成功说服对方。这样一来，既帮助别人做出了正确的决定，向好的方面发展，也让自己的说服达到了目的。

比如说，当涉及某个集体的利益时，要想成功说服决策者，就应当晓以“不正当决定”的利害，只要做到有理有据，就能有效地帮助决策者做出正确的决定。

当然，晓以利害不是凭空想象，也不是胡编乱造，更不是毫无根据的主观臆断，而是有理有据的判断与推测，正因为如此，所以更能够达到成功说服别人的目的。

那么在说服别人的时候，要想把握好“晓以利害”这个关键，有理有据地说服别人，还应当注意哪些问题呢？下面几点可供参考。

1. 要在言辞中体现对对方的关心

对那些固执的人，如果直接劝说，可能会激起他们的抵触情绪，而假如你在言辞上体现出对他的关心，就能减少这种抵触心理，方便你进入话题。

2. 论据要明确

要用事实来论证他坚持的观点是错误的，因而你选择的论据必须是简洁明了，不可胡乱选择。

3. 点到为止

让对方知晓其中的利害关系后，把选择权交给对方。不要强迫对方做出选择，有的人，即使知道了自己的观点是错误的，也会因为面子问题，不愿意当面做出选择，所以要留给对方一定的思考空间。

总之，在说服别人的过程中，言之有据，晓以利害是成功说服别人的关键。要想在说服别人的过程中成就自己的精彩口才或精彩人生，就不要忘了这一说话技巧。掌握了它，你的前途可能会比别人更光明。

迂回说服，最终达到我们想要的目的

聊天时，有时有些话不能直接说，即便说了也不一定能够达到目的，还极有可能会引起对方的反感。这个时候，最适于使用迂回说服的方法来说服对方。

战国时期，墨子听说鲁班给楚国制造了攻城用的云梯并去攻打宋国的消息，就急忙从鲁国动身，日夜兼程，风尘仆仆地赶到了郢都。他打算通过劝说鲁班，停止这场战争。尽管鲁班不高兴，墨子还是巧妙地设喻来劝说，并从道义上说服了鲁班。可是鲁班因为已答应了楚王，所以无法停止攻宋。

于是，墨子就去拜见楚王说："有这样一个人，放着自己彩饰的漂亮车子不坐，看见邻居家有辆破车就想去偷；放着自己绣花绸缎的衣裳不穿，看见邻居家有件粗布短袄就想去偷；放着自己的白米肥肉不吃，看见邻居有点糟糠就想去偷。大王您看这个人是怎么回事呀？"楚王笑着说："他一定是害了偷窃病了。"墨子说："楚国有方圆5千里的土地。宋国只有500里方圆，这就好像彩饰的漂亮车子同破车相比，楚国有云梦这样的好地方，里面有数不尽的珍奇，长江、汉水里的鱼、鳖、鼋、鼍多得天下无比，而宋国却穷得连野鸡、兔子、鲫鱼都没有，这就好像白米肥肉同糟糠相比。楚国有高大名贵的木材，宋国却没有什么大树，这就如同绣花绸缎的衣裳和粗布短袄一样。所以我认为大王要攻打宋国，正如这个害偷窃病的人一样。”楚王听后从道理上接受了。但一转念，鲁班已经造好了云梯，还是想要攻打宋国。

墨子也看出来了，他们在道理上明白了自己的不对，但又不肯罢休，于是墨子用自己的技能同鲁班进行了一番较量。

墨子解下带子，围起来当一座城，用木片当器械。鲁班接连9次用了不同的攻城方法，墨子9次挡住了他。鲁班攻城的器械都用光了，墨子守城的器物还有余。在这种情况下，鲁班想出一个不可告人的坏主意，企图杀死墨子，以为这样就不会有人抵御他了。其实墨子早已料到这点，到楚国来的同时就已让学生禽滑厘等300人，拿着防守器械在宋国的城上做好了楚国入侵的准备。楚王在这种情况下，只好放弃了攻打宋国的打算。

墨子与楚王的对话，实际上就是一场别开生面的聊天。墨子用恰切的比喻，巧妙而尖锐地指责了楚王攻宋的可耻、可笑，并以自己的实力压倒对方，迫使楚王放弃攻打宋国的念头。墨子以迂回的说服方法制止了这场战争，达到了止楚攻宋的目的，实现了他“非攻”的主张。

美国一家公司想与印度军方谈一笔军火生意，但是经过数次谈判都没有成功。美方于是派出了公司的“金牌推销员”，亲自到印度洽谈这笔生意。

推销员到了印度之后，首先给印度军方的一位长官打电话，对于对方冷漠的态度，推销员毫不在意，只是说：“我对将军十分仰慕，所以将专程到新德里拜访阁下。只要将军能给我一分钟的时间，我就心满意足了。”将军心想一分钟倒也无所谓，于是便勉强同意了他的请求。

双方一见面，将军便给对方来了个下马威：“我很忙，没有时间听你推销。”

推销员似乎并不在意将军的冷若冰霜，而是非常诚恳地说：“其实，我今天来是专程来感谢将军的。”

“感谢我？”将军有些愣住了。

“是的，若不是将军的强硬拒绝，公司也不会派我来到印度，而我也就不会有这样一个幸运的机会，让我时隔 30 多年后，又回到我的出生地。”

“出生地？这么说你是在印度出生的？”将军的好奇心被吊起来了。

“是的。”推销员微笑着说，“42 年前，我出生在印度的新德里，那时我父亲是美国钢铁公司驻印度的代表。可以说我的童年是在大象的背上度过的，而印度便是我的第二故乡。”

听着推销员满含深情的回忆，将军的脸上也渐渐露出了微笑。捕捉到这一表情，推销员又不失时机地从口袋里拿出一张照片，递给将军：“您看到这照片上的老人了吗？”

“这不是我们印度的圣雄甘地吗？”将军叫了起来。他好奇地问：“和他在一起的这个孩子是谁？”

“那就是我啊！”推销员自豪地回答。“那时我才 4 岁。这张照片一直是我们家最珍贵的礼物。这次我来印度，还要代表全家拜谒圣雄甘地的陵墓。”

“您和您的家人对于圣雄甘地和印度人民的友好感情令我感动。”将军主动伸出手来，紧紧握住了推销员的手。“请允许我有这个荣幸邀您共进晚餐，表示对你和你家人的感谢!”

结果毋庸置疑，当晚餐结束时，将军便在合同上爽快地签下了自己的名字。

在这场聊天中，这个推销员真不愧为“金牌推销员”，他那高超的说服技巧令人叹为观止。有人说他不是出生于印度，连同那张照片也是合成的。但这又有什么关系的呢？重要的是他成功地说服了印度的将军，完成了自己的使命。而他之所以成功的最大诀窍就在于他并没有卖弄他那三寸不烂之舌，妄图说服对方，而是迂回曲折，巧妙地激发了将军的兴趣，从而诱导将军一步步走进了他的“圈套”。而这，正是他最令人叹服的高明之处。

诱导说服让你事半功倍

当你在聊天过程中，带着目的去说服对方时，运用诱导的方式就是一个不错的选择。诱导说服，心平气和，步步引导，耐心商讨，别人易于接受。诱导技巧的关键在“诱”字，立足在“导”字。

在英国大百科全书公司工作的史密斯，向同事要了一份不愿购买《大百科全书》的客户的名单。

一天，他敲响了一家客户的门，说：“《大百科全书》里各个领域的知识都包括了。有了它，就像拥有了一个随身的智囊团一样。我相信，在您以后的工作和生活中，需要用到它的地方一定很多。”

哪知主人面无表情地说道："我想我不需要。我是干手艺活的，没有必要准备那么厚的一本书。而且，我一读这种书就想睡觉。我看你还是到用脑子多的人那里去试试吧。"

史密斯说："谢谢您给我的这个建议。我看见外面有一辆小自行车，您的孩子今年几岁了？"客户说："6岁了，在上幼儿园大班。"史密斯说："这么说，明年就上小学了。现在孩子读书挺不容易的吧？"客户点头道："是啊，现在的学生从小学开始就得去上课外活动。"史密斯点点头："嗯，好像是这样的。我高中没有读完就退学了，所以课外活动参加得并不多。"

说到这儿，主人刚才冷冰冰的神情已经消失了，他惊讶地说："啊，是吗？我还以为你是上过大学的人呢。而且，你卖的又是《大百科全书》这种东西。"

史密斯摇摇头，认真地说："您误会了，这只不过是我的工作而已。但是您也许不相信，通过这东西我还真是学到了不少知识哩。虽然我没有学历，但真正的知识，我可一点也不比一般大学生知道得少。"

这时，客户的脸上露出了笑容，笑着说："是啊，你的谈吐不凡。"

史密斯也笑道："您的孩子现在上幼儿园，他是不是经常问您这是什么、那是什么之类的问题？"

客户点头："是啊，你说得没错，问得我都有点烦了。他常常问一些我都没法回答的稀奇古怪的问题，我太太也为此觉得头疼。"

史密斯笑着说道："您知道吗？父母与子女之间最重要的就是沟通。如果孩子问了家长，家长回答不了，次数多了，孩子以后也就不再问了。统计数据表明，小时候不爱问问题的孩子，上了初中、高中也不会问的！”

客户想了想，点头道：“嗯，是这么回事啊。”史密斯拍了拍手上的《大百科全书》：“我认为《大百科全书》是一座架在父母和孩子之间的桥梁。如果孩子问您‘这是为什么’，而您又不知道的时候，就可以对他说‘这个爸爸也不太清楚，要不我们一起来查查《大百科全书》吧’。这样不就可以培养孩子勤奋好学的习惯吗？”

客户点头：“你说得确实有道理。”史密斯微笑道：“您过奖了，但我确实是这样想的。美国不是有一句谚语说‘习惯是第二天性’吗？如果养成了勤奋好学的习惯，就会对智力开发大有好处。即使您的工作用不着，那也可以拿回家和孩子一起用啊！您觉得如何？这本书包含了这么多东西，而且又是彩色印刷，翻开看看也是一种学习呀！”

“说的也是……我太太也在抱怨，说等孩子上了小学，到了高年级就辅导不了他了。”客户摸了摸脑袋，似乎有些想法。史密斯道：“是啊，现在的小学生已经不是家长能教得了的啦。”

“是啊。”客户说着，指了指史密斯手上的书说，“那么，这本书需要多少钱？”就这样，史密斯卖出了一套《大百科全书》。他的方法就是以客户所关心的孩子做突破口。

在这个故事中，史密斯采用的就是诱导的方式，一步一步地引导对方购买自己推销的《大百科全书》。二人的整个对话中，我们不难发现，刚开始时客户对面前的史密斯报有抵触情绪，当他谈起孩子的未来时，客户的表情才有所缓和，抵触的情绪有所松动。史密斯通过对方的表情，捕捉到他内心的变化，继而进一步诱导，终于达到自己的目的。

那么，你在实际操作中，如何做到诱得巧妙，导得自然呢？以下四点可以为你提供借鉴。

1. 有目的地诱导

要有明确的说明目的，有的放矢，所有的诱导内容，都要紧紧地为目的服务。

古时候，有一位父亲得知儿子染上了赌博的恶习，便给他写了一首戒赌诗，以诗说理规劝。诗曰："贝者是人不是人，只因今贝起祸根。有朝一日分贝了，到头成为贝戎人。"儿子看后，不解其意。父亲给他一一指道："贝者是赌，今贝是贪，分贝是贫，贝戎是贼。赌、贪、贫、贼是每一个赌博之徒的必由之路。"儿子听了，立刻幡然醒悟，弃赌从良，自食其力。

这位父亲劝子戒赌的方法巧就巧在：第一，以诗劝子方法新颖，让儿子去思考其中的含义；第二，当儿子百思不得其解时，一语道破诗意，道出"赌博必定贫穷，强盗出于赌博"的道理，使儿子恍然大悟。这种有目的地诱导方法往往能收到较好的劝说效果。

2. 有步骤地诱导

既有总体设计，又有分步计划。每一步怎样诱导，怎样发问，聊天前都要经过深思熟虑，胸有成"话"。这样，环环紧扣，步步深入，最后矛盾凸显，诱使对方在无法解决的矛盾面前自我否定。

说服的过程是说服者对被说服者攻心的过程，也是被说服者心理渐变的过程。运用"层渐递进"的说服技巧，从理论上讲，符合心理学的基本规律，从实践中看，只要运用得恰当巧妙，就能取得理想的说服效果。

3. 有预料地诱导

在诱导之前要考虑到对方会怎样讲，可能有几种讲法，怎样随机应变。这样才能使自己的诱导不会变成“哑炮”，一个人唱独角戏。要使自己的诱导能引出对方的话，开启其思路，就要作通盘打算。

新转入某班的方方同学，做作业马虎、潦草。老师把他叫到办公室，拿出一本字迹工整的作业递给他说：“你看这位同学的作业写得怎么样?”方方看了一眼，没说什么。老师又拿出一本字迹潦草、错误较多的作业给他看，并说道：“你看这本作业怎么样?”方方看了一眼，说：“跟我的作业差不多。”“你再看看这两个作业本上的名字。”老师温和地说。这一回，方方疑惑了：“都是李林的?”老师抓住时机，耐心地说：“差的一本是李林同学去年的作业，这一本是他现在的作业。你现在的作业和李林同学去年的作业差不多，但这不能说明你永远是这样。李林同学经过半年的努力，能写出工整漂亮的作业，老师相信你一定会像李林一样。用不了多长时间就能将作业写好。”老师这段谈话，言此意彼，既维护了学生的自尊，又起到了指出其不足，勉励进步的目的。

方方的老师已经预测出他的每一句问话方方会怎样去回答，然后，他根据方方的回答顺势劝导，起到了较好的说服效果。

4. 有诚意地诱导

诚恳开导，不讽刺，不挖苦，这样才能使对方心悦诚服。此法的好处是容许被说服者在接受说服的过程中，存在一个认识过程，获得一些全新的知识。

用诱导技巧说服人，要认真构思，事先把各个关节想清楚，聊天中又要针对实际情况，灵活应变。

引经据典增强说服的效果

通过聊天的方式说服对方时，适当的引经据典，一方面可以显示出说话者的文化修养，另一方面可以让说服力变得更加充分。确实如此，在与人交往的过程中，要想在别人的心中留下一个好的印象，除了外在的形象之外，个人的文化素质也是一个重要因素。而文化素质则需要通过语言来体现，正确地引经据典，则可以让自己的语言充满魅力。当然，这就需要我们在引经据典时，要把握准确，千万不要因为错误地引用而适得其反。

杨柳平时很喜欢阅读，尤其是对中国古代的诗词特别感兴趣，闲暇时背下了不少诗词。可令她没有想到的是，她有一天却因为这个缘故，而谈成了一个极其困难且交易额巨大的业务。

那位客户是一名年过五十的中年男子，据说在经商之前曾是一所知名大学的教授，是一个非常冷静和理智的人。在杨柳之前，已经有不少人跟他洽谈过，但是大多数都是折翼而归。而杨柳在刚开始接触他的时候，他的表现同样很冷淡。

当时，杨柳也觉察出了他的冷淡，心里有了要放弃的念头。恰巧在那个时候，她想起了一句与当时境况有关的诗句，便脱口而出“我本将心向明月，奈何明月照沟渠”。那位客户在听后微微一愣，忍不住重新打量了杨柳一番，当时也没有过多地说什么。

杨柳原本以为这个案子完全没有任何希望了，可令她没有想到的是，几天后，她却意外地接到了那位客户打来的电话，并且在详细地了解了情况之后，就跟她签单了。

这令杨柳感到有些奇怪，直到后来，她才从同事的口中得知，那位客户之所以选择跟她签约，就是因为她说出了那句诗。

杨柳所说的那句诗的大意是：我好心好意地对待你，你却无动于衷，毫不领情。自己的真心付出没有得到应有的回报，实在是令人惋惜。也正是这句诗让对方看到了杨柳的真诚，打动了对方的内心，从而与她签约。毫不夸张地说，是这句“我本将心向明月，奈何明月照沟渠”说服了对方。正确引经据典，可以增强说话的效果。你在聊天时，如何引经据典，从而达到说服的目的呢？这就需要你掌握以下的技巧。

1. 要丝丝入扣，忌离题万里

说话要在深刻把握主题的基础上选择引用材料。如果引用材料偏离主题十万八千里，说话者越多，越是没用。人们常说，失之毫厘谬以千里，就是这个道理。引用的前提就是要明确引用的内容是否有助于主题的论述。

2. 要突出自己的观点，忌喧宾夺主

说话者在引用的时候一定要注意引用的内容要以“我”为基础，而且引用的部分一定要是自己说话的一部分，切不可让整个引用的部分成为说话的主体。过多地引用，就会埋没自己的观念和立场，更何况大量地引用名人言论、古典诗词，也会有卖弄学识、哗众取宠的嫌疑。

3. 要推陈出新，忌陈词滥调

说话者在广泛引用的基础上要善于注入新的成分，要不断地推陈出新。反复地引用一些平庸、陈旧的材料，不但起不到应有的说话效果，还会令人生厌。所以，要引用一些别人少说的经典名言、名句或古典诗词及典故等。

4. 弄清原话的出处，不要张冠李戴

如果同一句名人名言，可能有许多名家都引用过，那你在引用的时候一定要追根溯源，应该用最早的那位名人说的话。或者某句名言明明是这个人说的，你却把它说成是那个人说的，那就贻笑大方了。引经据典，最忌讳的就是张冠李戴。比如，凯洛夫说的“感情有着极大的鼓舞力量，因此，它是一切道德行为的重要前提，谁要是没有强烈的志向，也就不能够热烈地把这个志向体现于事业中。”你就不能把它当作是爱迪生说的，否则就可能导致整个谈话过程的失败。

规劝他人的语言要好听

良药苦口利于病，忠言逆耳利于行。这句话重复多了，人们就会形成错觉，规劝别人的话必须难听，不难听的话不配称“忠言”。其实，古往今来许多事例说明良药未必苦口，忠言未必逆耳。

商朝末年，纣王昏庸，比干丞相为了江山社稷，多次进谏，不但没有成功，反而遭到剖心处死的下场。但历史上并不是所有的忠臣都落得比干那样的下场。

淳于髡是战国时的齐国人。他身高不到7尺，可是诙谐善辩，屡次出使诸侯，从未遭受屈辱。当时齐国的威王，追求享乐，常常通宵达旦饮酒作乐，沉迷于酒色之中，不理朝政。官吏们政事荒疏，国事混乱，诸侯乘机讨伐，国家危在旦夕。

齐威王八年，楚国大规模起兵侵犯齐国。齐王派遣淳于髡带着黄金百斤，马车10辆，到赵国请求出兵援助。

淳于髡辞别威王出发了。到了赵国，胜利地完成了使命，赵王派出精兵10万，战车1千辆前往救援齐国。

楚王听到这个消息，吓得连夜率兵撤退了。齐威王非常高兴，在后宫备了酒席，赐给淳于髡酒喝。威王问道："先生饮多少酒才醉呢?"淳于髡回答道："这要根据情况而定。"威王说："这其中的奥秘是什么呢?"髡说："在大王面前饮赏赐给我的酒，旁边有执行酒令的人，后边有监察失仪的官员，我只好伏在地上饮酒，饮到一斗光景，就要醉倒了。父亲的尊客面前饮酒，我要卷起衣袖，屈身跪在那里，举杯上前，频频应酬，饮不到两斗光景，恐怕就要醉了。假如见到知己好友，久别重逢，兴致勃勃追忆往事，彼此倾诉别情，饮到五六斗时就要醉倒。如果在乡里举行宴会，男男女女交错相坐，不停斟酒，边喝边玩着六博投壶的游戏，握了妇女的手也不责罚，目不转睛地看她们也没人禁止，前面有落下的耳环，后面有遗失的发簪，这样可以饮酒八斗，即使醉了，也不会过分。夕阳西下，宾客离去一半，剩下的人把酒合盛一杯，促膝谈心，举杯共饮，男女同在席上，鞋儿屐儿满地交错，酒杯菜盘零零乱乱，堂内的烛光已经隐灭，妇女们热得解开罗衣小襟，股股香气袭人，这时我的心里最快活，酒量大得吓人。所以古人说：'酒饮过分就会违礼失节，快乐过分就要生悲。一切事情都是如此。'这就是说什么事情都不要做得过分，过分就会走向衰败。"齐威王听了淳于髡一席委婉曲折的规劝，连声说："说得好，说得好。"当即取消通夜饮酒，并叫淳于髡做接待诸侯的外交官。以后，每逢齐国贵族举行酒宴都有淳于髡作陪。

淳于髡能言善辩，善于因势利导，抓住对方心理，出使赵国搬救兵，马到成功，出色地完成了外交使命。但他看到，齐国的要害是齐王荒淫过度、不理朝政，因而利用饮酒之机，说好听的话，进行曲折委婉的规劝，并且收到了良好的效果。

你要想通过聊天的方式规劝他人的话，怎么做呢？以下为你列举几条可行的方式。

1. 突出你的诚意

为别人献忠告，最重要的是让对方感觉到你的诚意，让他知道你是出于一片好心。如果你的指责让对方感觉到你并非出于关心，而是另有所图时，他不但不会接受你的批评，反而会把你当成他的一个敌人，马上与你针锋相对。

向别人提出忠告时一定要体谅对方。尽管对方某些方面还不完善，还需要改进，但是在提出忠告时，最好高呼理解万岁，讲结果也要讲过程。

2. 用事实说话

事实胜于雄辩，一切语言在事实面前都显得苍白无力。向别人提出忠告时，一定要建立在事实真相的基础上，而不能捕风捉影、无中生有。只有在了解事实真相的情况下，才不至于弄巧成拙。

如果你是一个公司的职员，在没有了解清楚公司的各项业务、管理模式及背景之前，就妄自提出自己的看法，想获得领导的信任是很难的，甚至还会被领导认为你是一个只会夸夸其谈的无能之辈。职场如此，社交场上更是如此。在不了解朋友的意图时，别对他的行为评头论足，否则只能增加对方对你的不满。

3. 提出忠告需要讲“场合”

没有人愿意在大庭广众之下被人教训。给对方提出忠告的时候势必会涉及对方的缺点，有时候甚至可能触动对方的伤疤。人要脸树要皮，任何人被当众揭短，心里都不会好受，一旦下不来台，就自然会产生抵触情绪。因此，即使你是善意的，他人也不会领你的情。

4. 给对方留有回旋的余地

向别人提出忠告时，千万别把对方的路堵死，切勿把人家批评得一无是处，该隐藏的还是要隐藏，否则会使对方的逆反心理很强，一旦形成破罐破摔的局势，就不好收场了。含蓄地指责的同时，不妨加些赞美，如“你平时工作很努力，表现得也很积极，倘若再稳重些，前途就更明亮了。”这种口气让对方感受到的不是批评而是鼓励，这样的忠告没有不愿意接受的。

向别人提出忠告，同样的一个忠告，不同的提法可能会为你赢得尊敬，也有可能为你惹来不必要的麻烦。所以，在向他人提出忠告时千万要谨慎说话，点到为止，留有余地。

总而言之，规劝他人的语言也可以说得好听，很多时候甚至一定要说得好听，忠言顺耳说，这样你才能深得人心。

站在对方的立场上去说服对方

与他人聊天过程中，有时由于产生分歧，导致聊天不能正常进行，甚至会发生不愉快或产生矛盾。这里，不是因为你不够友善，也不是因为我们欠缺能力，而是因为你不会说话，不懂说好话——不懂得站在对方的立场上去说服对方。

相反，如果懂得站在对方的立场去说话，那么你便能成为一个言之有术的人，如此一来不仅能够避免冲突和矛盾，让人生更加顺遂。同时也有利于你说服他人，让你的生活多些如意，少些不如意。

有一位先生，辛辛苦苦赚了十几年的薪水后，终于买得一块理想的地皮，并着手修建房屋。他整天都笑逐颜开，在城市里生活，谁不想拥有一栋属于自己的房子呢？谁知事情发生了变化，他突然接到公司的命令，要他到欧洲某个国家主持分公司的工作。这下他乱了阵脚，简直不知道该如何是好。

他想去又放心不下正在动工的房子，想留下又怕影响自己的事业，真是左右为难。不过，他很快就拿定主意，立刻与建筑公司取得联系，通知对方要停止后续工程并解约。

建筑公司负责人认真地听了他的理由，然后从容不迫地说："哦！这确实是件大事，事情既然这么突然，那就得尽快解决。不过，先生，我想提醒你一句，建造这样一栋房子，是你这一生中的一件大事，或许你一生就只修建一次房子，况且工程都已经过半，停工将会有很大的损失，是否应该考虑清楚后再作决定呢？"

那位负责人的话似乎在说，这件事如果处理不当，将会影响自己的一生，千万不能因眼前的某件事而改变终身长远的计划。本来已经决定解除房屋修建契约的人，最终放弃解约的念头。

短暂的几句聊天，显示出这位建筑公司负责人说话的智慧。首先，他先站在对方的立场想，这么一来，对方在心理及认知上，就会把他当成同路人。接着，他强调盖房子不是开玩笑的，每个人一生或许就只有一次机会盖房子，千万不能儿戏。再者，他又回到现实，强调如果贸然停工，费用上有极大的损失；综合这两个重要且不利于当事人的结果，再下结论，请当事人三思而行，自然会让对方心中一震，如大梦初醒，心中感激这位老板，要不然他可能就做错了决定。

在《杜拉拉升职记》中有这样一个片段：

公司为了迎接合作的对象准备了一场宴会，就在一切准备妥当的时候，迎接来宾的车突然出现了故障未能及时赶到，由于时间紧迫，公司短时间内无法找到合适的车。于是就给一家租车公司打电话，结果对方知道了这个情况后，立即把价格抬高了很多。这远远超出了公司活动的预算经费，于是一群人很犯愁。

结果杜拉拉拿起电话打给这家公司，对他们说："我们公司目前只能给出这个价格，但是我们是一家大公司，以后可能有很多的合作机会，如果这一次我们合作成功的话，那么以后还会有很多的机会合作，这样你们的利益就会更多，这种双赢的事情，相信贵公司会接受吧。"

杜拉拉的这一番话，是站在对方的立场来说的，指出这样做对对方以后的发展很有帮助，为对方的利益考虑，因而对方满心欢喜地按照杜拉拉给出的价格派了车。聊天中，你只要掌握这种"说"的智慧，其效果就大不一样了。

第七章
巧妙说“不”，这样拒绝效果好

在聊天过程中，面对他人提出的不合理、不适合的要求或者自己不愿意做的事情，有的人碍于面子被动接受，有的人则会通过巧妙的方式说出“不”字，拒绝了对方，同时又不使对方难堪。事实上，把“不”字说出口，巧妙拒绝是智慧的体现，可以为自己减少许多不必要的麻烦。

拒绝也要讲究艺术

拒绝是一种艺术，当别人对你有所要求而你办不到时，你会因为不好意思拒绝而轻易承诺对方，带给自己巨大的麻烦。如果狠心拒绝，让对方失望离开，将在你自己的人际关系上留下一点裂痕。最好的解决方式是两者都不要，当你不得已要拒绝的时候，可以把话说得艺术些，这样对双方都有好处。

钱钟书在拒绝别人时用了一个奇妙的比喻：一次，钱钟书在电话里对想拜访他的英国女士说："假如你吃了个鸡蛋觉得不错，又何必认识那个下蛋的母鸡呢？"用下蛋的母鸡比喻自己，不但巧妙生动，而且表现了钱钟书平易和蔼的性格。

一个年轻漂亮、身材完美的女演员很仰慕萧伯纳，很想与他结婚。一天，有一次短暂的聊天机会，女演员趁聊天时，勇敢地向萧伯纳求婚，她说："我容貌姣好，身材完美，而您又有天才的头脑，我们真是郎才女貌，天作之合，我们结婚后，生的孩子也将是完美的，他会有您的智慧和我的美貌。"

然而，萧伯纳并不喜欢她，更不愿意和她结婚，但是一个女孩子放下矜持主动求婚，直接拒绝太伤她的自尊，于是萧伯纳委婉地说："如果像你说的那样当然很好，但是情况如果刚好相反呢？比如我们的孩子刚好长了和我一样的身段呢，有着你那样的头脑，岂不糟糕。”

萧伯纳就是通过艺术的方式拒绝了女演员的求婚。他在女演员一厢情愿、满怀热情的求婚下，虽然不情愿，但是并没有直接拒绝，而是跟随女演员的思路，在她的话语中找到拒绝的机会，最后他在遗传的各种可能性中，找到一种最糟糕的情况推翻女演员的观点，结果女演员只得妥协，放弃求婚。萧伯纳就这么简单、轻松、幽默地成功拒绝了女演员的示爱，体现了他在人际交往中的拒绝能力。

施戈至今单身，对刚入职不久的新员工韩颜颇有好感，想方设法与她套近乎、献殷勤。有一次，他趁同事外出吃午餐的机会，把一套高档彩棉内衣放到韩颜桌子上，希望能够与她进一步发展。

韩颜心知肚明，况且自己已经有男友了，不会接受施戈的示爱，但她又怕太过直白的拒绝会让施戈难堪，此时她该怎么做呢？

韩颜略作深思，然后微笑着说：“这套内衣真漂亮。只不过这种式样的剪裁我男朋友给我买过好几件了，你还是留着送你女朋友吧。”

韩颜这样一说，既暗示了自己已经“名花有主”，又提醒了对方注意分寸。施戈听了，只得打消追求韩颜的心思。

著名实业家王光英来到香港后，他满怀激情，计划在香港大展拳脚。在他下飞机后，遇到很多记者前来接机采访，其中一位记者问道：“王先生，据说你这次来香港要新开一家公司，那么能问一下您这次带了多少资金过来吗？”王光英认真地看了一下提问的记者，对方是一位女士，他犹豫了一会儿，接着，笑着对女记者说：“男人的钱财正如女人的年龄，都是非常私密的问题，不可以轻易透露，你觉得呢？”听到这样的答复，这位女记者才明白自己刚才说的话考虑不周，无言以对。

王光英对女记者的答复非常简洁而又幽默，坚定有力地回绝了女记者对隐私的提问，这要比模棱两可、含糊不清的掩饰效果强烈一百倍。

有些人在拒绝别人时，很容易产生心理障碍，不敢也不善于去拒绝，而勉强答应别人的后果就是自己后悔不已。实际上，如果你在聊天中注意以下几点，那么你的拒绝就会变得很富艺术感。

1. 富有人情味

不要在对方表达来意后立刻拒绝，这会让人觉得你是个冷漠无情的人，无形中会失去很多获得友谊的机会。

2. 不带情绪

不要在有情绪时拒绝他人，这时候的人会受情绪影响，或消沉或愤怒，容易在语言和态度上伤害别人，让人认为你不真诚。

3. 不草率

大多数人的请求都不是无理取闹的。即使你真的无能为力，最起码要送上你的关怀，让陷入困境的对方在无助、失落的时候可以体会到哪怕丝毫的温暖。

4. 表现出真诚

婉转地拒绝会让别人感动于你的诚恳，若你能面带微笑，又不失神情庄重，那么对方会感受到你的礼貌和尊重，对你的拒绝也就不再那么反感。

5. 给对方指路

拒绝的同时，你最好帮他人想一条出路，也就是说，你虽然拒绝了，但却在其他方面给了他一些帮助，这是一种慈悲而又智慧的拒绝。

拒绝时，别让对方受到伤害

拒绝他人，有些事情千万不能做，当别人刚刚说出一个请求，你就立刻拒绝，那无疑会让对方觉得很没面子，甚至还会对你产生怨恨；即便是拒绝，也应该表现得谦恭有礼，请人帮忙者，大多在态度上是谦恭有礼的，老话说：抬手不打笑脸人。别人谦恭对我们，我们自然也要回之以谦恭，傲慢的态度只能让人更受伤害。

一天，颜妠找同学秦琴聊天，聊着聊着，颜妠便问道："亲，你现在存了多少钱，能告诉我吗？"她的这个问题来得太突然而且涉及隐私，虽然她和秦琴是无话不谈的好朋友，但是面对这样难为情的问题，秦琴还真是不知所措。直接拒绝太伤她的面子，最后秦琴只能含糊其辞地告诉她："凭我们俩的交情，你又不是不清楚我那点薪水，不吃不喝全留下又能有多少呢？"

颜妠见秦琴很为难，意识到自己打探别人的隐私有点儿冒昧了，虽然是好朋友，但是在钱这种事情上也是很私密的，于是不好意思地说："你工作时间不短了，都两年了，再怎么说攒的钱肯定也比我多吧。我借你钱，付给你利息，和银行的一样。"

秦琴见好友很清楚地说明了她的想法，心里也大概有个底儿了。她想：朋友都提到了借钱给我利息的事儿，我想这次借的数目肯定不小，不像以前因为生活困难时借小钱。左思右想，百般考虑之后，她回答颜妠说："我们是好朋友，你对我的情况应该很清楚，我就是一个打工仔，日常生活开销全靠那点儿可怜的工资，我虽然是一个人，但是情况与月光族也差不了多少，你这么急着借钱是要干什么用呢？”

颜娴：“我想买房子呀，所以急需用钱。”

秦琴得知原来好友是为买房子这件大事而借钱后，她认真地考虑着：买房子可是需要很多钱的，自己真的是心有余而力不足呀，以前好友借钱，我都没有拒绝过，这还是头一次要拒绝，一定得好好说。于是，她安慰好友说：“买房子是好事，不过需要的钱可真是不少啊。你们刚结婚，为啥这么着急买新房呢。像我这样的打工仔，漂泊不定，还买房子，想都不敢想啊。”

听了秦琴的话，颜娴长叹一口气说：“这不是被逼的吗？现在成家了，过年过节的总要有亲朋好友来拜访，我们现在住的地方太小了，如果有人来都没地方住，于是就想着要不换个大点儿的房子，可是现在连个首付都不够。这次向你开口也是碰碰运气，真的没办法了。”

听好友这么一说，知道她来这里只是试试运气，秦琴悬着的心终于落地了。看好友的样子，没有因为自己拒绝借给她钱而生气，她也松了口气。“原来你是来我这里碰运气的，不过你有困难能想到我，我很开心。”颜娴听了秦琴的话后，也欣慰地笑了。

对于颜娴借钱的要求，秦琴的说话很巧妙，既没有让好友受到伤害，又达到了拒绝的目的。两人的友谊依然“地久天长”，可谓“皆大欢喜”。

乔治刚刚走出办公室，就“恰巧”遇到了自己的老同学威廉，两个人便聊起来。

“嗨，乔治，下班了？一起吃顿饭吧！今天我太太生日，她也很久没见到你，今晚我订了一桌菜，一起去吧！”威廉很热情地说。

“哦，是吗?”乔治当然知道威廉的用意，他就是想借着晚餐公关，从自己的手中得到那一项工程，这种请求一定不能答应，于是乔治笑着说，“我真的很想去见见你太太，亲口对她说声生日快乐，但是，唉，我刚刚约了太太去听音乐会，如果不去，我太太一定很生气，要不你代我对她说声‘生日快乐’吧！谢谢你了!”

威廉很遗憾地耸耸肩，说道：“好吧，不过这包茶叶你可不能拒绝哦！是我朋友从中国带来的呢!”

把装茶叶的袋子递到乔治的手中，威廉就开车离开了。

乔治暗暗苦笑，打开袋子一看，里面果然装了一沓钱，看样子起码有5000美金。乔治正在为怎么归还这笔钱而苦恼时，突然看到另一个同学，于是他立刻对这位同学说：“能看到你太好了，我前段时间借了威廉5000美金，本来打算还给他的，结果家里突然有点儿急事要马上赶回去，您能帮我把这笔钱交给威廉吗?”

同学点点头，接过袋子正准备走，乔治突然又说：“对了，麻烦你告诉威廉，让他把设计图做得简洁一点。”

从这件事中，你就能看出乔治在拒绝同学时的手段不可谓不高明，在对方提出一起吃饭的时候，他很快找到了一个“和太太听音乐会”的托词，巧妙地拒绝了同学的邀约。之后想要拒绝对方的贿赂，又很自然地借用他人的口和手巧妙地将钱还给了对方。乔治最高明的地方就是做到了“拒而不绝”，在拒绝了威廉之后，又给予了一个很关键的提点——把设计图做得简洁一些，这样又等于帮了威廉一个小忙。

当然，具体到拒绝的策略，每个人都有自己的一套办法，可以让对方明白你确有不得已的苦衷，也可以找各种各样的托辞，或者在拒绝了一个要求的同时给他另一方面的帮助，或暂时答应试一下但是过了一天之后再推辞说事情没办成。无论过程如何，要保证在拒绝的时候不能太过于直接，更不要给对方造成伤害。

幽默拒绝，对方更容易接受

一直以来，“拒绝”都是一件容易得罪人的事，你可以想象，当对方在聊天的过程中，满怀期待地请求你的帮助，却被一个冰冷的“不”字硬生生地挡了回来，这是多么令人沮丧和受伤的事啊。不过，如果我们能讲究策略，巧妙地利用幽默的口才，让对方在欢笑中接受你的拒绝。

1972 年美国总统尼克松访华，总理陪同他参观南京长江大桥，这座桥是我们国家自己设计和建造的。他们二人走上引桥后，尼克松突然发问，这座桥每天有多少人通过，总理灵机一动，幽默风趣地告诉他只有 5 个。当时尼克松愣住了，总理看他不明白就解释说，这座桥上每天经过的人有工、农、兵、学、商，当然是五个了。尼克松听后恍然大悟，对总理的机智幽默点头称赞。

有一天，马丽不小心在办公室里打翻了果汁，为了避免引来蟑螂，她赶忙清理起来。不过清理地毯是一件十分麻烦的事，马丽一人做得有些吃力。这时同事文雨正好经过，马丽表示希望文雨能帮她一起打扫。文雨有些为难，面对马丽的请求他不忍拒绝，但自己确实有事在身，不好耽误。文雨灵机一动，对马丽说：“你放心吧，蟑螂不喝鲜榨的果汁，你先大致清理一下，我把手头这点急事做完，马上就来帮你。”

一句“蟑螂不喝鲜榨的果汁”逗得马丽忍俊不禁，丝毫不介意文雨对自己的拒绝，反而对他有了些好感。反过来想，如果当时文雨说：“不好意思，我正在忙，没时间帮你。”马丽可能会觉得十分不舒服，认为他连这点小事都不肯帮忙，实在有失风度，不值得成为朋友。

幽默是智慧的象征，它能让人感到快乐，而快乐的气氛是超强的润滑剂，对沟通来说至关重要。因此，如果你能够充分发挥幽默感，在谈笑之间对别人说“不”，不仅气氛轻松，也能顺利达到拒绝的目的，这对双方来说，都是最好的结果。

罗斯福在当总统前，曾经在美国海军部任职，他是海军部的高级官员。在一次聚会中，他的一位好友问他，美国海军现在是否仍然在加勒比海建造潜艇基地。这个问题涉及军事机密，罗斯福不可能告诉他，因此，故作神秘地让朋友靠近，接着悄悄问他是否可以保密，朋友以为罗斯福真的愿意把机密告诉他，就很认真地告诉罗斯福，他绝对会保密的，然后罗斯福坚定地告诉他，自己也绝对会保密。好友听后哈哈大笑，并被罗斯福的才智幽默折服，然后主动放弃追问。

罗斯福作为一位美国海军高级官员，保守军事机密当然是职责所在，然而好友询问，为了顾及好友的面子，他不能那么干脆地直接拒绝，所以，他发挥了自己的聪明才智，运用了幽默的拒绝方式，让好友在大笑中被委婉地拒绝了。尽管好友没有得到他想要的答案，然而他并不失望，进而还可以理解罗斯福的难处。在生活中很多时候，你可以像罗斯福那样，让幽默相伴相随，巧妙转化问题，在既不伤感情又不违背自己原则的情况下拒绝他人。

著名心理学家弗洛伊德觉得，假如以幽默的方式与人亲近或拒绝别人，就会很容易被对方接受，这种方式是被社会普遍认同的，他可以让人把压抑在内心深处的情感和思想释放出去。有了幽默，人们不用再担心来自自身的内疚、恐惧等各种负面情绪产生的自我攻击，可以轻松自由地表明自己的需求。谁在遭到他人拒绝时都会心里不舒服，然而又羞于说出自己的不愉快。有了幽默这样的表达方式，你就无须再顾虑重重，你可以在轻松愉快的交谈中表明自己拒绝的意思，被拒绝的人也可以很舒服地接受，这样双方都会在轻松舒适的氛围中很快淡忘这件事情。

委婉拒绝，不让对方感到难堪

婉言拒绝就是用温和、曲折的语言来表达拒绝。和直接拒绝相比，它更容易被接受，因为它在更大程度上顾全了被拒绝者的尊严。

小羽是某艺术团的钢琴师，经常参加一些大型文艺表演。有一次，她的朋友想去看一场表演但却没买到票，于是她想起了朋友小羽。

这天，她把小羽约出来，两人边喝着咖啡边聊天。由于这位朋友带有目的性，很快她就把想法告诉了小羽，她说："我很想看这场演出，也很想欣赏你的钢琴演奏，但售票处的票已经卖光了，你能不能帮我找一张票。"

小羽手头没有赠票，又不愿意在演出前为了一张票浪费精力，但面对好友的请求，她又不好拒绝，只得说道："很遗憾，我手上也没有票，不过，大厅里我有一个座位，如果你愿意……”

小羽的朋友十分开心，忙追问道：“我愿意！我愿意！那个座位在哪里?”

小羽慢悠悠地回答：“很好找，就在钢琴后面。”

其实，在这个故事中，小羽就是通过委婉的方式，拒绝了好友的请求。有些事我们碍于情面不好当场拒绝，不妨就像小羽一样，一开始先答应下来，不让对方感到难堪，接下来告诉对方一个可以接受的借口，这样对方也会认为你是真诚、认真地对待他的请求，因此即使被拒绝也会对你表示谅解。

一天，领导让小李去买电，给了她两百元。小李很快买好电，谁知当她要离开的时候，收费员把她叫住：“你家水费还欠着呢，来一趟顺便一块交了吧，一共用了23吨，我们的水是3块一吨，你要交69块。”可是，出来时领导只是交代了买电的事情，根本没说水费的事儿，小李不能自作主张，于是，她委婉地拒绝收费员的要求：“哦，我不知道还欠着水费，我先回去和领导说一下，等会儿再来交。”见她这么真诚，收费员也就没再说什么。小李回去后把刚才的事情告诉了领导，领导不在意地说：“你不用搭理他，把电买好了就没事儿了。”

很快，一个月过去了，小李又被领导派去买电，带的钱刚好能买电。这次她去买电，那个收费员又催她交水费：“这次该把水费交了吧，都很长时间了。”小李愣了一下，因为她以为水费领导已经交了，没想到……于是，她有点儿羞愧地对收费员说：“啊？水费没有交吗？我上次回去告诉领导，以为后来他交上了呢，所以这次来就带了正好买电的钱，真的不好意思，我回去再和领导讲。”

领导的命令无法违抗，收费员向小李催交水费也在情理之中的事情，只是小李进退两难。她无法直接说领导的不是，尽管这是领导故意拖欠水费，也不方便把领导说的话讲给那位收费员听，更加无法直接拒绝收费员的要求，她只能用温柔的态度对待那位收费员，慢慢地与他商议。因为小李的口气温柔，态度真诚，让人反感不起来，因此那位收费员自然也就接受了小李的提议。小李就是用这种方法，既完成了老板交给她的买电任务，又很巧妙地婉拒了收费员追讨水费的要求。

年轻的小李在一个事业单位工作，平时积极努力，处事为人得体，同事们都很喜欢他，领导也对他非常赏识。

一天下班后，领导找他聊天。两个人首先聊了一会儿工作上的事情，接着领导话题一转，谈及小李的个人感情方面的事情，并想给他介绍一个对象。

小李现在不想考虑个人的事情，但是领导一番好意，又不好直接拒绝，不过这没有难倒聪明的小李，他委婉、得体地拒绝了领导："关于我个人感情的事儿，您这么费心，我非常感激，但是我现在可能要辜负您的好意了，真的抱歉！我清楚，娶妻生子是每一个男人都要经历的事情，但是我自己曾立志：'如果我一事无成，没有经济基础，无论谁来给我做媒，介绍的对象多优秀，我都不会考虑的。'我现在还不具备结婚的条件，还不能肩负起婚姻的责任，所以不能轻易走入婚姻的殿堂。这是我自身的原因，跟您介绍的人无关，真心希望您能明白我的心意。若有其他人来说媒，我也会清楚地说明。"

小李清楚明白地把自己的真实想法对领导说明，情真意切，领导也听得很清楚，这样既维护了领导的面子，又实现了自己拒绝的目的。

现实生活中，很难做到有求必应，每个人都难以避免地要拒绝他人。不过，这个“不”字好说不好听，如果别人面带笑容请求你时，你冷冰冰地说出一个“不”字，让对方非常受挫，这会伤了彼此之间的感情。当你弄清楚对方的要求后，说“不”的态度既要温和，又要非常明确。温和就是间接地表达拒绝，明确就是清清楚楚地表明自己的立场。用温和而且明确的方式说“不”，这要比直接生硬地说“不”，让人更能接受。一般情况下，对方听你这么委婉地拒绝，肯定会“知难而退”，再去想其他办法来解决问题。

以退为进，才能守住拒绝的阵地

聊天的过程中，当话题对你不利或对方带有攻击性时，这个时候可以采用以退为进的方式进行拒绝。以退为进的拒绝技巧，关键在于对形势要洞若观火，真正做到心中有数，既要看到有利的一面，又要看到不利的一面，然后再理智地预见一下其未来的发展趋势，从而果断地决定是进还是退，掌握好进与退的分寸，由退转进，从而获得最终的成功。

春秋时期，楚国的势力日趋强大，国王和群臣依靠国力的强盛，非常骄横，根本不把比自己弱小的国家放在眼里。一次齐相晏婴出使到楚国，楚王对群臣说：“晏子的个子太矮，可是名气却很大，这次来一定戏弄他一番。”于是，就在大门的旁边开设了一个小门，让晏子从小门进宫。晏子明白楚王的用心，拒绝从小门进宫，并从容镇静地说："我们齐国出使到狗国的人才从狗门进，现在我出使到楚国，不该从这个门进。"楚王被弄得无言以对，只好改换了道路，让他从大门进宫。

晏子拜见楚王，楚王又傲慢地说："怎么齐国没人了吗？"晏子知道这又是在讥讽他，立刻回答说："我们齐国有的是人，如果人人把袖子张开，就能遮天蔽日；如果人人洒下一滴汗，就如同下雨一般。在我们齐国的大道上，人多得肩并着肩，行人脚尖碰着脚跟，怎么能说没有人呢？"

楚王接着说："既然如此，那么齐国为什么要派遣你这样的人出使呢？"晏子道："齐国派遣使臣有个规矩，贤明的人，国家就派他出使到君主非常贤明的国家；不贤明的人，国家就派他出使到君主不贤明的国家。我晏婴是个愚钝不贤明的人，所以最适合出使到楚国啦。"楚王听到这里面红耳赤，只好赔着笑脸应酬着。

正谈着，忽见武士们绑着一个人来到楚王面前。楚王问："这绑着的人是干什么的？"武士回答说："他是齐国人，是个十恶不赦的惯盗。"这时楚王得意地看着晏子说："齐国人都是善于偷东西的吗？"晏子离开了座位不慌不忙地回答说："我曾听说过这样的事，桔树生长在淮河以南就是桔树，生长在淮河以北就是枳树，它们只是树叶相像，果实味道却不同。之所以会有这样的变化，是生长的水土不一样啊。树是这样，人也是这样。生长在我们齐国的人都不偷东西，一旦到了楚国就学会了偷东西，莫非楚国的水土使人善于偷东西吗？"楚王听了无言对答，只好笑着说："您真是名不虚传善于言辞呀！看来是不能与圣人开玩笑的，我这真是自讨没趣，先生千万不要介意。"

晏子在面对楚灵王的故意侮辱时，以退为进，转而进行攻击，狠狠地驳斥了楚灵王，令其哑口无言，这比直接反驳、宁刚不折的拒绝更要有力。

以退为进，以守为攻，实质上关注的是最后的进攻。这种“进”不张扬，进得无声无息，最后直奔要害，让人防不胜防，在进之前的这种“退”不委屈，不匆忙，能淡定从容，随后便有了妥善收场。这种拒绝他人的方式不仅在古代常被运用，在现在的生活中也被频繁使用。

一天，化妆品销售员张清刚上班，就有一个顾客来向她投诉。对方满脸怒气，冲到她面前开始质问：“这化妆品是前几天从你们这里买的，你看，把我的脸弄成了什么样子，都毁容了。”张清仔细核查了一下顾客手中的商品，确认是从这售出的，便立刻微笑着向顾客道歉，并保证对此负责。

张清发现这位女顾客的脸上出现了很多红斑，于是立即关切地对她说：“现在我马上带您去医院检查一下，您尽管放心，我们一定会对自己的产品负责到底的。其他的事儿等检查之后再说，我们会承担所有医药费的。”在经过医生的诊断之后才发现，这位顾客之所以会长红斑，是因为她的皮肤不适合用这款产品，从而导致了过敏现象。这时，张清拿出该产品的使用说明给顾客看，说明书中明确提示了这款产品对于哪些皮肤是不能使用的，而这位顾客的皮肤正属于这个不合适的范围。张清一边请顾客看说明书，一边说：“对于您的意外我们很抱歉，现在我们去了医院，做了检查，知道了你皮肤长斑的原因并非是产品的质量问题，而是这款产品本来就不适合您。我们这里还有别的产品，都很好，有一款刚好适合您使用，您可以了解一下。”顾客发现了问题所在，怒气也逐渐消散了，张清的耐心服务也让她觉得很满意，终于转怒为喜，听张清讲说新的产品，最后很高兴地接受了。

销售员张清处理顾客投诉这件事情的时候，不慌不忙，沉着冷静，不去直接拒绝对方，不去直接找理由说明顾客脸上的红斑是有化妆品引起的，从而避免了与顾客发生矛盾。她的聪明之处就是，采用以退为进的方式，陪同顾客发现了问题的起因，平息顾客的愤怒，大事化小，小事化无，并且成功推销出新的产品，促成了维护好顾客关系和宣传促销公司产品的这么一个双赢的局面。

所以，你在聊天时要想正确运用以退为进的方式拒绝对方，就必须要有耐心，不然的话，就会前功尽弃。此外，退并非毫无原则地妥协，要把握一定的度，不然的话，一旦失去了原则，退到了道德、法律等范围之外，就会得不偿失。

顾左右而言他，这样拒绝同样巧妙

从某个角度而言，聊天既微妙又复杂，你可以斩钉截铁地拒绝某人的无理要求，说一声“不行!”也可以态度鲜明地在会议表决中表明“不同意”；但当朋友邀请你去郊游，而你不想接受邀请，该怎样去拒绝他呢？难道也是生硬地说一声“不行”吗？当然，那样回答固然可以，但结果一定不是你想要的，这个时候采用“顾左右而言他”的拒绝方式，不失为明智的选择。

简单而言，“顾左右而言他”拒绝法就是对提出的问题不作实际性的回答，用一些无关紧要的、可说也可不说的话去搪塞，从而达到拒绝的目的。

在一次同学聚会上，大家一边吃一边聊大学校园里的幸福时光，其中一个人提议说："我们现在快要毕业了，在大学期间，每个人都可能有没有完成的心愿，现在把自己的心愿说出来，我们大家一起来完成。"于是很多人把自己遗憾的事情说了一下，有的说想排练话剧，有的说想要集体出游……突然一个人说："我最大的心愿就是玩遍这个城市的每个角落，但是资金缺乏一直没有实现这个愿望，我最想做的一件事就是去坐一次摩天轮。"他的提议得到了大家的认可，并让他负责去坐摩天轮的相关事宜。

然而，这位倡导者有恐高症，不想去。于是，他看了看窗外，顾左右而言他。对大家说："今天早上起来还好好的，怎么好像要下雨了。"

如此一来，坐摩天轮的事只能就此作罢。

这里，暂且不论倡导者"言而无信"造成的后果，仅说话技巧而言，的确值得学习。他用一句与主题无关的话，向在场的人传递了"不想去"的信息，巧妙地拒绝了大家的要求。

有对年轻男女在一起工作，男生对女生产生了爱慕之情，男生急于要表白心意，女生虽心领神会，但是，却不愿将友情向爱情方面发展，女生认为还是不要说破，保持这种纯真的友谊比较好。于是，就出现了下面的对话：

男生：我想问问你，你是不是喜欢……

女生：我喜欢你借给我的那本公关书，我都看了两遍了。

男生：你看不出来我喜欢……

女生：我知道你也喜欢公共关系学，以后咱们一起交换学习心得吧！

男生：你有没有……

女生：有哇！互相切磋，向你学习，我早就有这个想法。

男生：……

这位女生三次用“顾左右而言他”的方式把男生的话打断，使得男生明白了她的想法，于是，不再问了。这比让他直率问出来，女生当面予以拒绝，效果要好很多。首先，这位女生提前摸准对方的心理，“你一张口我就知道你要问什么”，“未闻全言而尽知其意”，这与“错答”比起来，要求更高。其次，要能抢得自然而恰当，如从“喜欢”（人）而引论到“喜欢”（书），能瞒过在场的其他听者。最后，回答往往需要几个回合才奏效，因为抢一两次，对方可能还不能领悟到答话者的真正意思，或者略略知道而不甘心，继续发问，这就要求“连抢”多次不漏破绽，才能达到目的。

有一天，孟子去了齐国。齐宣王对孟子的名声早有耳闻，便立即派遣人招他入宫晋见。

孟子主张仁政，因此他想劝说齐宣王施行仁政，但是又有很多顾虑，如果说得过于直率，怕会惹恼齐宣王。于是便想办法把齐宣王绕进去。他对齐宣王说：“大王，我想问您一个问题，有一个人想去楚国游学，于是把自己的妻子儿女托付给自己的朋友照顾，但是很多年后，他游学归来，却发现自己的妻子和儿女却挨饿受冻，那么他应该怎么对待自己的朋友呢？”

齐宣王回答说：“斥责他一顿，然后与他绝交。”

“假如一个人掌握着刑罚，却管理不好自己的下属，该怎么办呢？”孟子接着问。

齐宣王直言不讳地说：“革除他的官职。”

这时，孟子觉得时机正好，于是就切入主题。问："如果一个国家的国君没有治理好自己的国家，那么又该怎么办呢?"

这时，齐宣王才发现自己陷入了孟子设计的圈套里，孟子实际上是在说自己没有把国家治理好。因此，不想正面回答他，于是便东张西望，说了一个和这个问题不相关的事情。

齐宣王"顾左右而言他"，向孟子传达了"拒绝回答"的信息，又不至于使双方陷入沉默，从而实现了言之有喻。

总的来说，不论在什么场合，与什么人聊天，难免会遇到一些不想直接讨论的问题，为了避免回答这些问题，不妨使用"顾左右而言他"的拒绝方式，这样可以避免让对方牵着鼻子走。当然，使用这种方法，需要才思敏捷，口语技巧娴熟才能做到，这就要求你在日常的工作、生活中多积累知识，多练习口语技巧，等到用时才能将这种拒绝方式运用得得心应手。

该说"不"时，就要明确拒绝

聊天时如果你对别人的请求不能完成或无法完成时，一定要明确表示自己拒绝的态度，而不要犹犹豫豫。尽力帮助别人是好事，但也不是说任何事都要答应，该说"不"的时候一定要说"不"。

小马就是一位不会说"不"的人。一个周末，小马突然接到一个陌生的电话。打电话来的是他同村的一个老乡，第一次来北京，因为听人说小马在北京发展得不错，就想跟他见个面，吃顿饭。小马完全想不起来这样一个人，担心被骗，本来想拒绝，可是话到了嘴边，他又想："如果真是同村的老乡，人家大老远过来，人生地不熟的，就这样拒绝了，说出去也不好听。还是先答应下来吧，一会儿再打电话回家问问。"于是，小马便和老乡约好了时间、地点，等那边高兴地挂了电话，才赶紧打电话回家打听。

父亲在电话那端告诉他，村里确实有这么一个人，之前一直在外面打工，所以小马并不熟悉。小马当下就松了一口气："幸好没有贸然拒绝！"

本来说好，随便找家餐馆吃饭，可是到了约定的地方，老乡与他聊了一会儿后，突然改变主意了："我听村里人说，你一个月能挣一万多块，要不你请我去吃烤鸭吧！我还没吃过呢！他们说，全聚德的烤鸭最有名了，咱们就上那吃吧！"小马一听，心里不乐意了，月薪一万是没错，可是，自己刚买了房，每个月都要还房贷，手头的钱其实并不多。

一看小马犹豫，老乡也有些不高兴了："算了，算了，还是随便找个地方吃吧！"这下，小马又有些不好意思了，心想，没准以后都不会有来往了，好歹是一个村的。于是他一咬牙，带老乡去了全聚德。

在这个故事中，小马只要随便找一个理由就可以拒绝老乡去全聚德吃烤鸭的要求。比如，他可以这样说："很不巧，今天兜里只揣了在普通饭店吃饭的钱。另外，我刚还了房贷，等过段时间，手头宽裕了，再请你去全聚德吃烤鸭也不迟。"这样说出来，老乡也就无话可说了。

所以，该说"不"时，一定不要口软。你一时之软，接下来可能会对你造成诸多的不便或不利。然而，你在拒绝时，不要板着脸说“不行”，因为对方并不是你非常讨厌的人，维持与他们的感情是应该的。以下的说话技巧，对你在聊天时会有所帮助。

1. 具体说明拒绝的理由

在拒绝别人的请求时如果你只是说“我很忙”，很可能会被对方说成是“那个人真是不爱帮助别人”、“求他什么事都是一脸的不高兴”。所以，你在拒绝别人时要具体地说明一下不能接受的理由。

比如，当你拼命地为第二天负责人的紧急会议准备资料时，上司走过来说：“能帮我打印一下这份文件吗？”这时，你要明确地向上司说明第二天负责人会议的资料必须尽快完成，然后让上司判断哪个工作更急迫。

如果上司说：“是这样啊！那你就尽快完成你手上的这份工作吧，我的这份之后再做。”或者上司认为计划更重要，就会说：“实在对不起，这件工作更紧迫，会议资料的工作我帮你做。”这时，你要按照上司的指示去做。

你要巧妙地维持与被拒绝者的信赖关系，这对在职场上愉快工作是很有必要的。

2. 把握拒绝话语的尺度

下面有三种拒绝的话语，分别是：

“谢谢你对我的信任，非常感谢。可是我现在手上已有两份紧急文件了，我真是没法帮你了，真是遗憾不能与你合作。”

“没看我正忙着吗？告诉你我没空！”

“你要我帮助你，表示了你对我的信任。我真的很想帮你，但我最近好像没空。看看吧，可能过两天我就有空了。”

这三种不同的拒绝方式相对照后，你不难发现，第一种的表达较好，它既表达了拒绝之意，又做了相应的“善后处理”，拒绝的效果较好；而第二种虽然拒绝明确，但太过冷淡，不易让人接受；第三种感情化的词语太多，拒绝之意不很清楚，会让被拒绝的人心存余念。由此可见，后两者的拒绝效果远远不如第一个。

拒绝的分寸和尺度就在于既要礼貌地尊重对方的心情，又要带有一种遵守原则、公事公办的透明性，也就是既要充满人情味，又要明确地拒绝。只要说话时掌握这种尺度，拒绝就是成功的。

3. 循序渐进的拒绝

表达拒绝的时候千万不要操之过急，否则就会出现“后遗症”。你可以选择一锤定音的拒绝方式，如果不在意对方会把你当作敌人的话。

那么应该怎么做呢？那就是在坚持说“不”的时候，对于对方说出的与话题没有关系的话也绝不说“是”，以免形成一种语言惯性，在你想拒绝的时候又无法拒绝。

一般的谈话开始都会有一些无关紧要的话，尤其是在别人有求于你时。比如，对方说“你今天真漂亮”，你可能不会否认；如果对方再说“今天的天气不错”，你会说“是的”，由好心情转到好天气，你也不会说“不”。如果再说几句无关紧要的话，那么你就无法拒绝对方对你的要求了。

怎么办？当你听到第一句话时，可以笑而无语；当听到第二句时，不妨说：“电视上说今天可能有雨。”总之，你可以以微笑代替，但千万别说“是”。

拒绝“情绪污染”，对职场倾诉者说“不”

琳琳在大学毕业后，顺利地进入一家国有企业做了文秘的工作。因为她长相甜美，再加上她性格随和、善解人意，所以浑身散发着一种亲切感，她也因此迅速获得了同事的喜欢。

琳琳向来都很看重同事的信任，因此，不管是谁，无论在什么时候找她聊天，她都会尽量地放下手中的工作，去仔细地倾听，尽心地开导对方，并尽自己的能力地去帮助他人。时间久了，琳琳就变成了同事眼中的“心理咨询专家”，谁碰到不开心的事情，都要找她聊几句。

刚刚开始的时候，同事之间的闲聊仅仅局限于午餐时间，或是下班一起吃饭、购物的时间。但是，随着交往越来越深，大家聊天的时间就越来越不稳定了，有时就算是上班时间，一群人也要利用公司内部的聊天工具在网上大聊一次。有的时候，琳琳的工作特别忙，可大家还是会想办法把她牵扯进去。

女人之间的聊天，目的性本来就不强，有时候甚至可以围绕一个无聊的话题兴致勃勃地讨论好几个小时。琳琳头疼地发现，一旦陷入其中，自己这半天的时间就荒废了。有好几次，等大家聊尽兴了，该下班了，琳琳才发现自己的工作还差很多，不得不留在办公室里加班。

琳琳渐渐发现，自己的情绪越来越容易受到同事的影响。虽然她年纪小，可是同事们都喜欢把她当“知心姐姐”，顶着这个名号，她每天不可避免地要接触到各种各样的负面信息和不良情绪——性格骄纵的小雨每天只知道数落自己的男朋友，小七则每天抱怨公司待遇不好，小惠更是三天两头哭哭啼啼地说自己被男友抛弃了……

每次聊天结束之后，同事们的痛苦和郁闷是得到倾诉发泄了，可是却让琳琳郁闷了，工作没做完不算，还在不知不觉中把他们的负面情绪全都吸收了。每天一上班，看到堆积如山的工作，就会不自觉地想起小七的抱怨，便没有了工作的激情；看到上司，本来想过去打个招呼，耳边却突然响起同事的不满，和上司聊天沟通的欲望便瞬间消逝……

一段时间后，上司也察觉到了琳琳的变化，原本工作积极的小姑娘，现在却经常完不成工作；当初甜美的笑容也越来越少了，倒是添了几分愁容，多了几分抱怨。于是，上司决定找她好好谈一谈。

琳琳的热心肠，表面上看为她赢得了良好的同事关系，实际结果却是把她的工作和生活搞得一团糟。在职场上，和同事处好关系很重要，但一定要注意保持适当的距离，千万不要热心过了头，一不小心就充当了同事的情绪垃圾桶。情绪是会传染的，坏的情绪更是有很强的杀伤力，所以，与同事相处时，一定要谨防办公室的“情绪污染”，必要的时候，要学会勇敢而恰当地对同事的倾诉欲望和坏情绪说“NO”。

1. 少说多听，降低对方的倾诉欲

为了摆脱不必要的麻烦，在刚开始和同事交往的时候，就要注意少说多听。一般情况下，同事要满足自己倾诉的欲望，这一点是需要你配合的。因为他也许需要你表现出一定的好奇心，或是需要你经常发表一些意见看法，因此，只要你能克制住自己的热情，尽可能少说，时间久了，同事无法得到他想要的东西，自然而然就不会再找你聊天了。

2. 找借口巧妙地加以拒绝

如果的确不方便，或是真的不愿意，就一定要学会寻找合适的借口巧妙地加以拒绝。譬如说，可以在办公桌上堆满文件，当同事过来找你的时候，就可以指着办公桌，很为难地解释道："真是对不起！你瞧，我今天真的太忙，说不定还要加班。过一会儿有空再跟你聊啊！"把聊天工具上的状态改成"好多事情要做""没时间聊天了""忙得焦头烂额了"等表达，也是一种表达拒绝的好办法。

3. 远离消极的人和事

消极的情绪假如在你面前反复地出现，就会形成一种消极的暗示，会严重影响你的心情和工作的效率。在面对向你大吐苦水的同事的时候，你可以以工作忙碌为由来拒绝消极的谈话，也可以对他的抱怨听而不闻，还可以在他开始诉苦之前，及早地打断，并巧妙地把话题转移开来。当然，最好的办法就是尽可能远离那些经常抱怨工作和生活的人，多和态度积极的人接触，每天都要对自己进行积极的自我暗示，以帮助自己摆脱消极情绪的干扰。

第八章
谨记聊天忌讳，才能做最好的自己

在这个世界上，每个人都会有自己不愿意听到的话，都会有个人的聊天忌讳。在聊天的过程中，你要想让聊天顺利地进行下去，就一定要注意不要触碰别人的忌讳。如果你不懂得这些，往往就会让自己陷入困境，甚至还会招来不必要的麻烦和祸患。

聊天高手不会犯这样的大忌

通常情况下，与人聊天是一件非常愉快而轻松的事情，聊天的话题多种多样，上至天文地理，下至柴米油盐等日常生活。多数情况下，聊天是有一定目的性的，也就是说，通过聊天从对方那里获取你想要的信息。但聊天时，千万别犯大忌。主要表现在如下三个方面：

1. 防止“祸从口出”

聊天时，因脱口而出的一句话造成对方怒发冲冠，大打出手或者扭头就走的情境常有发生。要知道，你所说出的话能让人产生心理、肌体、情感的反应。

（1）心理反应——由于你的言语，致使他人改变了对某一问题的看法。

（2）肌体反应——你说出某句话使对方感到紧张或引起一场殴斗。

（3）情感反应——你表达出的信息使他人感到恼怒，或者不愉快。

因为语言具有这种效果，你在与人交往中便要谨慎使用你的言语，防止“祸从口出”减少不必要的麻烦。

防止“祸从口出”是需要下大决心努力克服的。

（1）先保留住自己的看法。容易说错话是因为当事人对周围事物缺少一定的认知而导致判断不准或是错误。当你觉出自己常在一些场合中说错话时，就要设法先保留住自己的看法，只在心里说出，给自己留下思考的余地。最好在事后，对比别人的反应，以验证自己的控制是否正确。

（2）把握说话的时机。注意说话时的心理情境因素，比如双方情绪都非常敌对时应避免对质。注意说话的物质情境因素，在非要说出坏消息或者批评对方时，最好选择幽雅的场所进行，这样可以冲淡坏消息所造成的影响。

（3）学会在合适的时间里退让出对峙状态。好冲动的人容易坚持己见，往往在双方冲突时僵持不下。最好要学会克制自己，当对方发怒时一定要退让，以免出现伤害性的结果。

2. 忌讳以自我为中心

日常生活中，如果你留心观察就会发现，两个人聊天时，很多时候说的一方总会以自我为中心。比如，我今天遇到一件开心的事情、我把那个讨厌的人臭骂了一顿、老板这个月给我涨工资啦……这些以自我为中心的话题，是聊天的大忌。会让作为听众的一方感到厌烦。

“我”在英文中本来是身材最瘦小的字，千万不要把它变成你自己语汇中个头最大的字。学学苏格拉底，不说“我想”，而说“你看呢”。

在一个园艺俱乐部的聚会中，有位先生在3分钟的讲话时间里，用了36个“我”。不是说“我的花园……”“我的篱笆……”，就是说“我的矮树叶……”“我的草坪……”。

结果，他的一位熟人走过去对他说："真遗憾你失去了妻子。""失去了妻子？"他吃了一惊，"没有！她好好的啊！""是吗？那么难道她和你提到的花园一点关系都没有吗？"

一个独霸谈话，张口闭口都是"我"的人是很令人讨厌的。莎士比亚剧中的独白精彩绝伦，表演的时候，演员可以在台上滔滔不绝地独自倾吐衷肠。然而，这在生活的人群中却是行不通的。独霸谈话的人不喜欢打趣，不喜欢讲故事，除了他自己的观点之外，再没有什么别的想法。

独霸谈话是对自己的放纵。这种人对于听众的叹息、迷惘、皱眉、否定以及其他任何话题都无动于衷，不予理睬。然而可悲的是，他们这种自我陶醉，往往总是他们自己的单相思。

聊天时，尽量忘记自己，不要总谈论个人的事情，应该尽量去引导对方，让对方谈论自己高兴的事情，这样的话对方就会产生浓厚的兴趣，并且愿意说出来与你分享。而你以认真的态度去听对方诉说，你自然就会给对方留下美好印象，并且对方还会对你有好感，愿意和你聊天。

3. 不要自我夸大、自我吹嘘

聊天时，谈论自己时应该收放自如，主要目的就是起到抛砖引玉的作用。当你非要谈论自己时，不要和对方较真或争辩，这是不理智的表现。不仅如此，还有一个致命之处，就是在他人面前肆无忌惮地夸奖自己。要知道自我夸耀，是交流过程中最为愚蠢的表现。

例如，你在对方面前说："那次产生的纠纷，如果不是我从中为他们解决，后果不可设想。你们也知道，他们从来不会把任何人放在眼里，不过在我面前，他们就不敢轻举妄动了。"很明显，这是一种自我夸耀的语言，就算那次纠纷是因为你而得到妥善解决，如果你改变说话方式，便出现截然不同的效果。你可以这样说：“那次纠纷完全是个误会，恰好被我碰上了，就替你们把矛盾化解了。”如果这样说，你岂不是更加赢得对方的敬佩吗？当一件值得称赞的事情被发觉后，人们自然会发自内心的敬重你，如果你过分地渲染自己存在的重要性，过分地夸张自己，听者非但不会对你产生感激之情，反而会轻视你、看不起你。

所以，我们在聊天时不要吹嘘自己，与其过分夸大自己让人生厌，不如出言谦逊，让对方产生好感。可能你以为自己很伟大，别人却不这样认为，自己吹捧自己，绝不能把自己捧到很高的位置。夸大自己的重要性，实则是间接地吹嘘自己，即便你平时受到尊敬，听你说这话的人，表面上会附和两句，讨你欢心，实际上扭脸就会骂你不知天高地厚。

聊天是帮助你为人处世的一种方法。没有人愿意做一个口才好而不受待见的人。不要因为刻意表现你的口才而处处炫耀逞能，这样只能让周围的人产生讨厌的情绪。会聊天、懂得聊天的本质，抓住聊天的脉络，永远把自己放在第二位，把对方放在第一位，才是最好的方法。一旦你“祸从口出”、你以自我为中心、一旦你吹嘘自己，你的聊天就失败了。

说话要言之有忌，不要伤人面子

与人聊天时，口无遮拦的人往往会无意间伤害到对方，比如在别人犯了错误之后，不管旁边有多少人，就对其当面指责，这样显然会让对方下不来台。要知道，说者无心，听者有意，也许你的指责真的是为他好，但是你的话却使他在众人面前失去了苦心树立的形象。毕竟人的度量是有限的，对方很可能会因此记恨你。

韩信未被刘邦重用前，喜欢在集市上身佩长剑，一位少年看到了就当面侮辱韩信，他说："你常身佩长剑，但你敢杀人吗？如果你敢杀人，可以把我杀了；如果你不敢杀我，那么，就请你从我的两腿之间钻过去。"韩信于是弯着身体，从那位少年的两腿之间钻了过去。后来，汉高祖刘邦任命韩信为大将军，韩信将曾经侮辱过自己的那个少年叫到跟前，对他说："你过去曾经侮辱我，现在还敢问我当年的问题吗？"那位少年吓得跪倒在地，求韩信饶命。韩信赦免了他的罪过，还封了他一个小官做。

韩信算是很有气量的大将军了，尚且把落魄时一个不谙世事的毛头小子的挑衅侮辱之言记在心头，长达数年，功成名就后还要把当年失去的面子找回来。平常人更会在遭到指责和羞辱后，伺机行事，以挽回自己曾经"扫地"的颜面。所以，说话一定要有忌讳，知道什么能说，什么不能说，从而避免因伤人面子而结仇结怨。即便一定要指出对方的短处，也应该换一种顾及他人面子的方式，效果会更佳。

纽约市泰勒木材公司的推销员克洛里，曾多次当面指责顾客的错误，他从中获得了很多深刻的教训，他说："当面指责顾客是一件非常可笑的事。你可以赢得辩论，但你却卖不出任何东西。"

一天下午客户打电话来，抱怨他们运去的木材大部分不合格。克洛里听后马上乘车到对方的工厂去，他基本上能料到问题的所在。要是在以前，克洛里到了那里马上就会得意扬扬地拿出《材级表》，翻开《木材等级规格国家标准》，引经据典地指责对方检验员的错误，最后斩钉截铁地断定所供应的木材是合格的。但是多次的吃亏经验使得克洛里认识到，顾客就是上帝，无论自己的“知识和经验多么丰富”，无论自己的“判断多么正确”，最终，可能还得按照顾客的意思办事。

因此，当克洛里见到板着面孔的供应科长和面有愠色的木材检验员后，根本不提木材质量的问题，只是笑了笑说：“让我们去看看吧。”

一到现场，克洛里就发现了问题所在，那就是检验员检验得太严格了，而且他把检验杂木的标准用于检验白松。但他并没有指责检验员的错误，只是反复强调他是在向检验员请教，询问检验员木材不合格的理由，希望今后送货时，能完全满足他们工厂的质量要求。

克洛里的态度使得检验员的脸色慢慢恢复了正常。克洛里看准时机，小心地提醒了几句，当检验员认识到自己的错误后，开始有些不好意思，后来又开始向克洛里请教相关的技术问题。克洛里这时才谦虚地解释，运来的白松木为什么是符合要求的。克洛里在解释的同时还不忘强调，只要检验员认为不合格，这些木材是可以调换的。

最后，检验员坦率地承认是自己把木材等级搞错了，按合同要求，这批木材全部合格。克洛里收到了一张全额支票。

应该像克洛里学习，在说话之前懂得三思，无论面对什么样的人、什么样的情况，都能克制自己，即使自己是正确的，也不当面去指责对方，从而伤了对方的面子，而给对方一个下台阶的机会。那么，你在与他人聊天的过程中，怎样不伤害对方，为对方保住面子呢？

1. **丑陋之点**

爱美之心人皆有之，每个人都希望自己是美丽的、俊逸的。然而，生活没有慷慨地让所有的人如愿，这个世界上还有不幸的丑陋者和残疾者。他们大多有自卑感，不愿听与自己的短处有关的话题，比如：秃顶者忌说“亮”，胖子忌说“肥”，矮子忌说“武大郎”，其貌不扬者忌说“丑八怪”，跛子忌说“举足轻重”，驼背忌说“忍辱负重”等。对他们的这种完全正常的心理，你应该充分理解，以防误言伤人。

2. **失意之处**

人生在世，有起有落。即使今天看起来多么意气风发、踌躇满志的人都可能经历人生的挫折，难免有失意之处，或高考落榜，或恋爱受挫，或久婚不育，或夫妻反目，或工作不顺利，或职称评不上，诸如此类的失败本就已经让人痛苦不堪，好不容易忘记了、超越了，又有人有意无意提起，怎会不让人火大呢？即使现在的得意之人也怕往日的失意传播出去，有失颜面。因此，要把他人的失意处当作言语交谈的禁地，不要涉及。

3. **痛悔之事**

古人常说：“知错能改，善莫大焉。”但是对于自己曾经犯过的错，谁又愿意把它公之于世，让每个人都知道呢？尤其是对那些涉及品质的错误（如曾有偷窃行为或生活作风问题），就更加讳莫如深。如果听到有人说起类似的错误，就会顿生无地自容之感，有如芒刺在背般的痛苦。

不懂避讳，祸患上身在所难免

有一天，康熙皇帝领一群妃嫔们在湖边垂钓。不一会儿，鱼竿动了，康熙皇帝连忙举起钓竿，只见钩上钓着一只很大的金龟，心中好不喜欢。谁知刚刚拉出水面，只听“扑通”一声，金龟却脱钩掉到水里跑掉了，康熙皇帝长吁短叹连叫可惜。在康熙皇帝左侧身旁陪同的皇后见状连忙安慰说：“看这光景这只龟是老得没有门牙了，所以咬不住钩子了。”

这时，在一旁观看的一个年轻妃子忍不住大笑起来，而且笑个不止，简直直不起腰来。康熙皇帝见了不由得龙颜大怒，他认为皇后是言者无心，而那妃子则是笑者有意，是含沙射影，笑他没有牙齿，老而无用了。回宫之后，康熙皇帝马上下了一道谕旨，将那妃子打入冷宫，终身不得复出。到了这个时候，那个年轻的妃子才深深地感到后悔，她叹息着说：“因为我不慎笑了一笑，却害了自己守寡一生。这是我自己不检点，犯了皇上的大忌所带来的恶果！”

为什么皇后说话说到“老”字，康熙皇帝并没有怪罪她，而妃子只是笑了一笑，康熙皇帝却如此怪罪于她呢？这就是因为康熙皇帝的忌讳心理，他本人不服老，也忌讳别人说他老，他不肯承认自己年迈体衰这个现实，而且希望人们否认这个客观现实，一旦有人涉及这个话题，他在心理上就承受不了。同时，由于皇后与妃子同康熙皇帝的感情距离不同。皇后说的话，仔细地推敲一下，有显义和隐义两层意义，显义是字面上的意义，因为康熙皇帝与皇后的感情距离较近，他对于皇后的话产生的是积极的联想，所以康熙只是从字面上去理解，知道皇后是一片安慰的好心。妃子虽然没有说话，只是笑了一笑，但她是在皇后说话的基础上笑的，再加上她与康熙皇帝的感情距离远不如皇后那么亲近，所以让康熙皇帝产生了消极的联想。这就深深地刺痛了康熙皇帝内心最忌讳的地方。

有的人可能会想，康熙皇帝因妃子笑一笑而给予这样的重罚，充分暴露了封建帝王的冷酷无情。但是你可以想想，如果是一个普通人，别人取笑你的缺憾，你也不会高兴的。因为人总是有自尊心的，总希望受到别人的尊重，谁也不希望人们一见面就提自己不愉快的事。

1. 慎言相避

说话前要了解对方的情况，绕开对方的痛处，比如，不在久婚不育者面前大谈儿女经。平时，慎言相避对我们来说并不困难，但是在得意、自我吹嘘时，就很容易忘形，而得意忘形就很可能会无意中犯忌。因此，将之培养成为习惯，让它成为一种本能，这样即使再忘形也不会犯错了。

2. 婉辞相代

有时对于对方的忌讳是避无可避的，这时，也要学会以婉辞相代，太直白会让人难堪，而婉转则可以给人留几分面子，让对方感激以待。例如，一个朋友被炒了，正在找工作，却一直没找到合适的，而你刚好有一份合适的工作。你可以这样说："哇，看当老板也不容易，总要为了人才而四处奔波，看这里又有一个……"这样，对方能够不失面子地接受你的帮助，而且还会对你感激不尽。相反，如果你说："你不是被炒了吗？这有份工作挺适合你的，去试试吧！"这样，对方很有可能会为了维护面子而拒绝，甚至与你反目。

3. 巧言相岔

如果话已经从口里说出来了，才惊觉自己碰到了别人的痛处，那么你还能够做些什么来缓解气氛、挽救过错呢？这时，切忌慌乱之中作说明，因为说明得越多就侵入别人的禁区越深，而且有的事情本来就是越描越黑的。因此，转移话题、巧言相岔，给对方空间，才能让彼此及时从困境中解脱出来。例如，聊天的时候，你随口说："他也真够倒霉的，就因为长得矮，连个女朋友都找不到。"说到这里，你猛然发觉自己失言，因为听你说话的人正是一个矮子，而且也因此在苦恼。此时，你应该接着说："不过，有资料表明，矮个通常都比高个聪明，你就是我们一群人中事业最出色的一个。"这样就很妥帖地将话题转移到事业上来了。

不要随便插话，让别人把话说完

人与人的交往是双向的，在聊天的过程中，你不仅要会说，更要学会倾听。当对方在说话的时候，千万不要随便插话，更不要打断对方的谈话，要让对方把话说完。

有一次，美国太平洋战区司令官布莱德雷接到了任务，这是一个危险而紧急的军事行动，于是他立刻召集自己的军官和士兵排成一个长列。布莱德雷扫视了大家一眼，说愿意冒险承担这次任务的，请向前走两步。

就在这时，进来一位报信员，递给他一项最新的战报，于是布莱德雷和这位报信员谈论了片刻。等到他处理完战报再面对行列中的众将士时，发现长长的队伍仍然是一条直线，好像并没有一个人向前多走出两步。他生气了，两眼放出愤怒的光芒。

“报告长官！”只见最前排的一个士兵要向他报告什么。

布莱德雷威严地一挥手，阻止了他，接着以十分愤慨的口气大声呵斥将士们：“养兵千日，用兵一时，现在情况紧急，竟然没有一个人愿意承担这项任务，这太让我失望了！”

“报告司令！”还是站在最前排的那个人说：“我们刚才每一个人都向前跨了两步，所以现在仍然是一条直线！”

“如果你不想误解别人，就让别人把话说完。”这句话反映了让对方把话说完的重要性。在工作和生活当中，人们往往因信息的不对称及信息搜集的途径不一样，会对一些人或一些事产生误解甚至曲解。当这些错误的信息发挥作用的时候，就会带来一系列的不良反应，最后甚至会造成严重的影响和不良后果。

在人与人的交往中，如果有人要讲自己的看法，那一定有他自己的理由，作为聊天的一方，应该让人家讲完，而不是不管三七二十一地阻止别人，打击别人的积极性。尤其是你自以为什么都清楚，事实却并不是你想象的那样时，你要绝对理智，就算讲话的人并没考虑将后面的话说完，你也要耐心地引导，弄清事情的真实情况。

在现实中，常常会看到有些人处理事情很爱自以为是，并且在这种错误的“感觉”里边转来转去，其实这是一种很不好的沟通方式。尤其是领导或者长辈，一旦对下级或晚辈产生了误解或者不满情绪，就会用自己的权力和威力让这些人受到委屈甚至伤害。在聊天的过程中，你只有让对方把话讲完，才有可能了解到对方的真实意思，使你成为对方心目中最体贴的听众。

不打断别人的讲话，并且带着欣赏的眼光去倾听，把别人说话看作自己学习的机会，就会发现别人的闪光点，就会从别人谈话的闪光点中获得启迪和感悟。在人际交往中，粗鲁地打断别人的谈话毫无疑问是失礼的，每一个人的能力都是有限的，只有通过倾听你才能获取更多有用的信息，所以，不要轻易打断别人的谈话，要学会去伪存真。在这个过程中你能够辨别出说话人的动机，以便为你所用。

在与他人的聊天中，你一旦意识到自己有打扰他人谈话的行为，就要立即告诫自己，要忍住，听下去。你要明白，不打断别人的说话既是一种耐心，也是一种对他人的尊重，更是对自己的尊重。不打断别人说话既是一种修养、一种美德，更是一种交际的艺术。要想获得别人的尊重，有一个好人缘，就得尊重他人说话的权利，不要轻易打断别人讲话。

避免不必要的争执

生活中的许多事情，没有几件是值得你拿友谊的代价、用争强好胜的方式去获得的。但是，生活中却偏偏不乏如此之人。比如，你常常看见人们聊天，聊着聊着就争执起来了，若在旁细听，他们争的并非什么重大问题，不过是些极其枝节的小事。其实，这些争吵者的观点往往是一致的，可是他们却都以为对方完全站在自己的反对面，弄得大家都非常不愉快。人人都知道这是一种十分常见的有害的毛病，但就是有许多人无法克服。

在聊天中，除了交谈者彼此都能虚心地、不存半点成见地在某个问题上进行真诚的讨论之外，应该避免一切不必要的争执。特别是在朋友之间的私人聊天中，千万不要为一点枝节小事而争辩不休，甚至引经据典，弄得面红耳赤，这是很不值得的。

销售员张丽长相漂亮，刚刚来到公司，就受到大家的欢迎。张丽还是个热心肠，总喜欢帮助同事，然而让人没有想到的是，一个月后大家对她的态度就冷漠起来了，甚至有好几个女同事见到她总板起面孔，更为糟糕的是，整整一个月，她的业务成交量居然是零。

张丽很苦恼，找到一个做人力资源工作的朋友，说出自己的困扰。聊天过程中，朋友发现张丽有个很不好的习惯，那就是只要别人说了她不认同的话，她总是找理由与对方发生争执。

“张丽，你听我说。”朋友终于无法忍受张丽的喋喋不休了，“我相信你来找我，不只是为了和我进行争执吧。”

张丽下意识地张了张口，想去反驳，最终还是闭上了嘴巴。

朋友接着说：“无论有多少优点，但是只要不改掉爱争执的缺点，你永远无法得到同事们发自内心的认可。所以，无论是你希望回到同事们身边，还是希望业绩能大幅度提高，你首先都应该学会认同他人，克制自己反驳的欲望……”

张丽听了朋友的话，回到公司后，再也不和同事们因某一件小事而发生争执了。同事们发现张丽改掉了缺点后，渐渐地也就接纳了。如此一来，张丽不但重新找回了在公司里的好人缘，还成了公司新人中的销售冠军，领导看她的眼神也从无奈变成了赞赏。

那些喜欢与人争辩的人，是否以为可以用争辩压倒对方，给自己带来很大的利益呢？其实，好与人争辩，只会弊多利少，有害于己。第一，好与人争，会损害别人的自尊心，易使人对你产生反感乃至厌恶情绪；第二，好与人争，很容易使自己犯专挑别人错误的恶习；第三，好与人争，逞强好胜，易使自己产生傲慢情绪，自以为是；第四，好与人争者，长此下去会失掉朋友，孤立自己。

造成这种因小事伤友谊的困惑主要原因，是在对他人的意见表示不同意前，忘记了或根本没有想到预先说明自己同意别人的主要部分。因此，当你听了别人的长篇大论之后，若发现其中有一点自己不太同意，一定要记住预先说明对方的哪几点或哪个方面自己是完全同意的，然后再指出自己与对方意见不一致的只限于某一点。这样，对方就很容易接受你的批评与修正，因为他知道你对他的主要意见是肯定和赞许的。

另外，即使你所不同意的是对方意见的主要方面，但你在发表自己的见解之前，最好仍能预先肯定对方的某些可取方面，哪怕这些方面是最不重要的，这样做并不是不老实的表现，之所以这样做，是为了缓和一下谈话的气氛，使对方觉得你并没抹杀他的一切。这样，聊天就可以很融洽地进行下去。而且你要记住，无论自己的意见和对方的意见距离有多远，冲突有多厉害，你都绝对不要表现出一种不可商量的态度。正相反，你要表现出一切都可以有商有量，并且相信无论怎样艰难，大家都可以得到比较接近的看法。如果你是善于聊天的人，就一定要小心翼翼地使谈话不要陷于僵局。只要谈话之门尚未关上，那就永远不愁没话可谈了。

你要争取做既有快乐感又有幽默感的人，并且要把自己的快乐传给别人。聊天最好在大家快乐的气氛下进行。如果一个人对朋友有诚意、有热情、不计较小节，求大同存小异，那么面红耳赤的争辩就会很少出现在他们身上。

玩笑是佐料，聊天时要掌握好“火候”

开玩笑是我们在与他人聊天的过程中，经常使用的方式之一，就像菜肴的调味品，可以让味道更加丰富。玩笑开得适当，不仅可以调节气氛、减轻疲劳，还可以缩短与聊天者的距离。会在恰当的时机开玩笑，是聊天高手的特长，能起到意想不到的效果。然而，一切皆有度，聊天过程中，开玩笑时一定要掌握好“火候”，过头的玩笑不能开，否则就会过犹不及。

一天夜晚，在外出差的李先生刚回到宾馆，便接到好友的电话，两人聊了一会儿，好友便说：“你爱人下午不慎掉进窨井，已经被我送进医院，她现在状态良好，身体并无大碍，你就安心在外地出差吧。”

王先生听到后，连夜向家赶。回到家里一看，妻子安然无恙，才知道自己被骗了。立马打电话，质问自己的好友。好友非但没有感到事态的严重性，反而哈哈一笑，说：“当时是愚人节，所以我才故意那样说，你何必当真呢？”

好友的话让李先生更加生气，从此不再与对方往来。李先生的好友的玩笑无疑开过头了，而且造成的后果也相当严重。要好的朋友，相互取乐，说话不受约束，是朋友之间友谊至深的表现，这是人生的一件快事。不过，任何事情都具有两面性，因玩笑过头而导致朋友不欢而散的事儿时常发生。实际上，善意的谎言和捉弄，能让周围人的生活变得更加轻松愉快，但恰到好处地掌握火候却非常重要。像李先生好友拿李先生爱人的人身安全开玩笑的做法，就是太过了。

开玩笑如果没有考虑到对方的尊严，让对方太难堪，也就失去了玩笑的意义。你本质可能没有恶意，但当你在开玩笑时不顾及对方感受，玩笑非但不好笑反而适得其反，例如用轻松的口吻取笑同事遭上司训斥、取笑亲戚做生意失败、取笑朋友失恋……本来这些人需要同情与安慰，你虽然说者无意，但听者有心，认为你是在落井下石。

可见，在与人聊天的过程中，得体的玩笑犹如润滑剂，可以松弛神经，活跃气氛，创造出一个适宜的聊天氛围。可以说，诙谐的人才能受到他人的喜爱与欢迎，不懂得如何开玩笑的人，只能给对方增加不快，自己的形象也会因此大打折扣。掌握好开玩笑的度，对你与他人的聊天，百利无一害。那么，如何把握好玩笑的度呢？

1. 开玩笑的内容要高雅

聊天过程中，开玩笑是一门学问，简单地说就是利用幽默的语言，有技巧地进行思想和情感的交流。玩笑的材料取决于开玩笑者的文化修养和思想境界。内容健康、格调高雅的玩笑，不但可以启迪对方，还可以给对方带来精神上的享受。与此同时，你也能够在对方心里塑造自己的美好形象。如果开玩笑时说的是污言秽语，不仅使语言环境变得一片乌烟瘴气，对于听者也是一种侮辱，至少是一种不尊重的行为，同时也说明自己情趣低俗、文化修养低。

2. 开玩笑时态度要友善

聊天一般都在一种相对轻松的环境下进行，与人为善，是开玩笑的基本原则。开玩笑的过程，也是情感相互交流的过程。如果借着开玩笑对别人冷嘲热讽，发泄内心的厌恶、不满的情绪，甚至拿取笑他人寻开心，那么除非傻瓜才识不破。也许有些人不如你伶牙俐齿，表面上你占了上风，但其他的人会认为你不能尊重他人，从而不愿与你交往。这样，你将失去众多的朋友。

3. 开玩笑时要区分对象

人的身份、性格、心情不同，对玩笑的承受能力也不同。同样一个玩笑，能对甲开，不一定能对乙开。一般来说，后辈不宜同前辈开玩笑，下级不宜同上级开玩笑。

在同辈人之间开玩笑，则要掌握对方的性格特征与情绪信息。对方性格外向，能宽容忍耐，玩笑稍微过大也能得到谅解。对方性格内向，喜欢琢磨言外之意，开玩笑就应慎重。对方尽管平时生性开朗，但恰好碰上不愉快或伤心事，就不能随便与之开玩笑。相反，对方性格内向，但正好喜事临门，此时与他开个玩笑，效果会出乎意料的好。

4. 开玩笑时要分清场合

在开玩笑时一定要分清场合，有的场合是不宜开玩笑的，一般来说，严肃静谧的场合，言谈要庄重，不能开玩笑。而在喜庆的场合则注意所开的玩笑能否使喜庆的环境增添喜悦的气氛，如果因开玩笑使人扫兴就不好了。总的来说，在庄重严肃的场合不宜开玩笑，否则极易引起误会。

把握聊天的度，信口胡说没有好结果

说话是一种艺术，它需要掌握很多的技巧，如果你在聊天时说话不经过思考，口无遮拦、毫无顾忌就会给自己带来很多的麻烦和困扰。因此，在不同的场合与不同的人聊天时就要把握好说话的尺度、说话的内容，不要口无遮拦，想说什么就说什么。聊天如果信口胡言，不仅会给他人造成不快，还会影响彼此的关系，造成尴尬的局面。

在社交活动中，尤其应该注意。在与人聊天中要做到以诚待人、与人为善，不要随意打听、干涉他人的隐私，评论他人的是非。更不要无事生非，捕风捉影，东家长，西家短，讹传小道消息。说话要以事实为根据，不能口无遮拦，听风就是雨，随波逐流。俗话说："良言一句三冬暖，恶语伤人六月寒。"口无遮拦、随意说话不仅会伤害别人还会伤害到自己。

展颜和肖潇是从小玩到大的好朋友，两人情似姐妹。展颜活泼可爱，酷爱音乐和舞蹈，并且热衷于各种健身活动。相比之下，肖潇则比较内向、安静，她习惯于每天坐在教室内看书、练字，从不主动参加任何室外活动，所以身体比较胖。

两人毕业后打算进到一家外企做文员，当两人面试后，公司只录取了展颜，而肖潇却落选了。展颜问其原因，主管说："其实肖潇也比较适合这份工作，但是因为你们应聘的是市场客服部的职位，对气质和身材的要求都比较高，所以肖潇就与这份工作无缘了。”得知原因的展颜很气愤，她认为公司不应以相貌、身材取人，所以也辞去了这份工作。肖潇也很生气，就让展颜帮助自己制订健身计划。

由于肖潇常年不参加活动，所以执行展颜的训练计划有一定的难度，就想找借口开溜。展颜看出了肖潇的意思，为了肖潇的身材和健康着想，就决定来点儿“刺激”的话，暴风骤雨式地训斥肖潇一顿，让她彻底醒悟。一天，两人去打网球，肖潇有意推托。展颜“发威”了，慷慨陈词道：“肖潇，难怪人家说你是熊猫，你知道自己现在什么样吗？臃肿蹒跚，肥头大耳，这样的形象哪有公司要你呀！你难道不知道你现在有多难看吗？要是再不控制的话……”此时肖潇的嘴已经成了“O”形，脸也是惨白的，但是展颜还在说。肖潇没说一句话就愤然离去了，只撂下展颜一个人站在空旷的网球场上，满脸疑惑地望着越走越远的肖潇。

肖潇最忌讳的就是别人说她胖，说她身材不好。展颜口无遮拦、信口胡说，令肖潇十分生气。在社交活动中，只有尊重人、不自以为是，温文尔雅、讲究说话的语言美，才能够形成良好的人际关系，避免成为众矢之的。

所以，在平常的聊天中要管好自己的嘴，不要口无遮拦，信口胡说。与他人聊天要持有一种负责任的态度，不能想说什么就说什么。要明白什么话该说什么话不该说。唯有如此，才能有所作为。